SOLEIL 003

戎光祥選書ソレイユ003

江藤新平

尊王攘夷でめざした近代国家の樹立

大庭裕介
oba yusuke

戎光祥出版

はしがき

本書を執筆した二〇一八年は、明治維新から百五十年にあたる。本書執筆時、NHK大河ドラマでは、西郷隆盛《さいごうたかもり》を主人公にした「西郷《せご》どん」が放送され、明治維新史に関する書籍が書店に多く並んでいる。近年では、室町時代を題材にした書籍が売り上げを伸ばしているというが、書店に並ぶ日本史書籍の比重は、相変わらず戦国時代と明治維新史が多くを占めているように、明治維新史は魅力的なテーマなのだろう。

ただし、明治維新史は一般的な関心・人気の高さゆえ、ドラマや書籍のなかには脚色のあまり、俗説に則って不正確な叙述をするものも少なくない。そうしたドラマや書籍のなかでは、本書で取り上げる江藤新平《えとうしんぺい》ばかりか、西郷隆盛も大久保利通《おおくぼとしみち》も、維新の元勲《げんくん》と呼ばれる誰もが、高い理想や国家構想をもって明治国家を創り出したとされている。しかし、研究が深まるほど、明治維新とは理想的な国家が創り出される単純な道筋ではなく、幾重にも逆説や妥協の重なった複雑な過程であり、江藤も西郷も大久保も明治維新当初から、明確な国家構想をもっていたわけではないことが明らかになった。

高校日本史の教科書や授業では、明治維新は西洋的な国家への転換期とされている。しかし、近世国家に代わる新たな国家を構想するにあたり、誰しもが西洋的な国家像を思い描いていたわけではなく、西洋的な国家への転換を否定的に考える人物もいた。西洋的な国家像に異を唱える以上、非西洋的な思想を持つ人物もまた、西洋化に対抗するための「代案」を必要とした。言ってしまえば、国家像は単一でないばかりか、西洋化を目指す人物による専決の結果として明治国家が誕生したのではなく、様々な思想や人物の妥結や競合の結果として明治国家が誕生したと考えるべきだろう。

ここまで書いてしまうと、一般書と言いながらも、随分と〝ひねくれた〟明治維新観であるとの印象を与えてしまいそうだが、本書では近代法制度を創り上げていった江藤新平を取り上げる。「はしがき」を読んだ読者からすると、非西洋的思想を説明しておきながら、「西洋化」の代表的な人物である江藤を対象とすることに矛盾を感じるかもしれない。しかし、日本が西洋社会の影響を色濃く受け始めたばかりの幕末明治で、西洋国家や西洋の政治制度は遠く異質な存在であり、国学・仏教・儒学といった非西洋的な思想こそが身近で一般的な素養であった。そのため、西洋的な社会変革を求めるにせよ、非西洋的思想に照らし合わせて西洋化の是非が判断され、大なり小なり西洋化は相対化されていた。こうした認識に照らし合わせて江藤像を描こうと考えるのが、本書の視点である。

西洋的民主主義者という現代的な視点で描かれることが多かった江藤を非西洋思想と関連づけて描こうとするあたり、やや〝ひねくれた〟一般書であるが、本書を通して江藤に限らず、明治維新の人物像や国家構想が現代の私たちの価値観と同一のものであるかを考えていきたい。

二〇一八年十一月

大庭裕介

目次

序章　江藤新平のイメージ

江藤新平の二面性

「江藤醜態笑止《しゅうたいしょうし》なり」。この言葉は、内務卿《ないむきょう》大久保利通が、佐賀の乱の首謀者・江藤新平に死刑判決が下る様子を日記に記した際に用いた言葉である。

江藤の死刑判決について、江藤の業績を高く評価した近代史家の毛利敏彦氏は、十分な弁論の機会を与えず、上訴も認めない暗黒裁判と評した。また、江藤と同時代を生きた思想家の福澤諭吉は、『時事新報』に連載していた「丁丑公論《ていちゅうこうろん》」のなかで、「佐賀の乱の時には、断じて江藤を殺して之を疑わず、加うるに、この犯罪の巨魁を捕えて更に公然裁判もなく、その場所において、刑に処したるは、之れを刑と云うべからず。其の実は戦場にて討ち取りたるものの如し、鄭重なる政府の体裁において大なる欠典と云うべし」と、裁判のあり方を批判した。毛利氏と福澤の評価は、後世の研究と同時代の論説とで執筆の目的は異なるが、両者はともに裁判の正当性に疑問を呈している。

「丁丑公論」は西南戦争《せいなんせんそう》の終結を機に書かれたもので、福澤が江藤の処刑に異を唱えたのは、公正な裁判がおこなわれて自説を開陳する機会が設けられていたら、同じく士族反乱の首謀者となった西

江藤新平写真　大総督府監察副使時。よく知られた江藤のイメージとは異なる、若い頃の写真である。江藤が青年期に抱いた非西洋的な思想が、後年大きな意味を持っていく　佐賀県立佐賀城本丸歴史館蔵

郷隆盛は裁判に服して自刃を選ばなかったのではないかとの思いからであった。また、毛利氏は江藤を明治維新により日本社会を「西洋化」「近代化」へと導いた立役者と評価する一方、江藤を裁判にかけた大久保を強い権力意志を持つ政治家と捉え、佐賀の乱の裁判に乗じて江藤を抹殺したと説いた。

両者は、同じく近代日本の設計者でありながら、〝独裁者〟大久保利通と近代化の〝先駆者〟江藤新平というかたちで対照的に描かれることが多かった。しかし、廃藩置県《はいはんちけん》以前は「初発より小生（大久保）へ同意せなんだと内々にて申し居り候」（『大久保利通文書』四巻）と、政府への出仕当初から江藤が大久保に同意していたことを語っている。

こうした関係が破綻した直接的なきっかけが、西郷の発した征韓論《せいかんろん》の是非をめぐって閣内が二分された明治六年政変であった。征韓論に対して大久保は否定、江藤は肯定し、対照的な立場をとっていた。そもそも、朝鮮への外征をめぐる議論である征韓論が人格的な対立を招いていったとするのは、性急な理解だろう。もし、征韓論による人格的対立があったとするならば、大久保は大阪会議で西郷と並んで征韓論を唱えた板垣退助の政府復帰を許していることをどのように解釈すべきであろうか。板垣の政府復帰は、自由民権運動を丸め込むという政治判断からだったが、反対勢力を徹底的に叩きつぶすというような大久保像にはそぐわない。

大久保の独裁者イメージにしろ、江藤の民主主義者イメージにしろ、何らかの〝キャラクター〟が歴史上の人物に付されるのは、その人物の業績を通じて、彼らが生きた時代を捉えようとするためだろう。

大久保や江藤が生きた明治維新をどのように理解するかは、戦後歴史学のなかで絶対主義の形成かブルジョワ革命かのいずれかで意見がわかれていた。つまり、絶対的な権力を振るう体制が明治維新の変革によってできあがったのか、それよりもさらに進んだ市民革命が成し遂げられたのかとする二つの評価のなかで、明治維新の評価はゆれ動いていた。

明治六年政変以降、大久保が中核となった明治政府が民権家による国会開設運動を讒謗律《ざんぼうりつ》・新聞紙条例で抑圧したことから、大久保（政権）＝絶対主義（者）と考えられてきた。絶対主義の象徴とされてきた大久保に対し、江藤は各地に裁判所を設け、司法権独立を推し進めると同時に、政治裁判を通して長州閥の不正を追及したことから、江藤＝近代市民社会（ブルジョワ的市民社会）実現の中核と捉えられてきた。いわば、この二人を通して明治維新の性格が言及されてきたのである。

時代とともに変わるイメージ

戦後、研究者のあいだで定着した大久保と江藤のイメージを世間に広めたのは、国民的作家の司馬遼太郎氏であった。司馬氏は、江藤を主人公とした小説『歳月』のなかで、大久保と江藤を近代化を推し進める明治維新の中核的な人物とするとともに、江藤のことを長州閥の不正を追及する「明法の将軍」と表現した。アジア太平洋戦争へと向かっていく「暗い昭和」に対し、明治を「明るい明治」として生涯描き続けた司馬氏にとって、江藤は政治の不正を糺す「明るい明治」の象徴の一つだったのだろう。小説家と研究者の違いこそあれ、司馬氏と毛利氏はともに江藤を人民の権利を擁護し、不正を追及する民主主義者として描いた。

司馬氏も毛利氏も、司法卿時代の江藤の功績を中心に評価し、近代市民社会の実現に向けて法を定め、裁判所を各地に設けることで、裁判を通して民衆の権利保護を一貫して要求したことを好意的に捉えてきた。こうした好意的な評価の背景には、司馬氏や毛利氏が江藤を描いた当時の世相である、戦後の民主化の進展があった。

司馬氏が『歳月』を執筆した昭和四十三年（一九六八）は公害訴訟、尊属殺法定刑違憲事件《そんぞくさつほうていけいいけんじけん》の裁判が起こっている。国民の権利保護のために、司法制度の果たす重要性が社会一般に認識された年でもあり、「民の司直」というイメージを背景に書かれたのが『歳月』であった。国民の権利保護を担う裁判所のイメージを、創設期にまでさかのぼって、明治期の日本をブルジョワ的市民社会の創出として捉え、司法制度の整備に果たした江藤の業績を評価したのが、毛利氏の江藤新平研究であった。

しかし、「民主主義者」とされた江藤の評価は、戦後の民主化の過程で創出されたものにほかならず、戦前期の日本社会の江藤評価は、「民主主義者」からはほど遠い「大陸進出の先駆者」とするイメージである。この評価は、西郷隆盛の征韓論を肯定したことに基づいており、大正期に刊行された初めての江藤の本格的伝記として知られる的野半助『江藤南白』以来、戦前期の社会では広く定着したものだった。的野が『江藤南白』を執筆したのは、朝鮮併合条約の締結から四年が経過した大正三年

（一九一四）で、日本の大陸政策がすでに一定程度の成果を挙げたことを記念して、〝征韓論者〟江藤の事跡を高く評価するために出版されたものであった。

このように江藤のイメージは時代とともに変化しており、戦前と戦後の世相をそれぞれ反映しながらまったく異なる人物像が描かれてきた。江藤をどのように評価するかを抜きにしても、江藤が司法制度の一端を整えるのに尽力したことも、征韓論を唱えて征韓戦争を肯定したことも事実である。

これは、「民主主義」「大陸政策の先駆者」という二面的評価のいずれも当時の世相を反映して国家発展の時代像を描こうとする意図に基づいて、江藤を「偉人」「英雄」として肯定的に捉えることを目的とするものであった。しかし、本書では、江藤の政治行動が多面性を帯びていることを考えながら、江藤がとった行動の整合性を合理的に考察していくことを目的とし、従来の「偉人」「英雄」という江藤像の顕彰には与《くみ》しないこととする。

「国民神話」の主人公

なぜ、本書では江藤新平を、国家発展の歴史と切り離して描いていくのかについても言及する必要があろう。これまで見てきたように、戦後社会では文芸に留まらず、近代史研究でも江藤新平のイメージは、司法卿在任中の司法制度整備が先行してきた。そのため、戦前社会で江藤の最大の業績と評価された征韓論者という人物像は、民主化が進む戦後社会では、民主的市民社会実現に尽力したとする江藤像との整合性がつかないためか、論じられることは少なかった。

しかし、江藤が征韓論を唱えている以上、近代化政策との論理的整合性を説明しないことには、江藤が近代国家に果たした役割を必要以上に美化することにつながる。また、こうした江藤像など美化された歴史像を中心に据えて、近代化を強調した論述をすることで、近代化に成功して欧米諸国との並立を達成した国家発展の歴史であると、明治維新の意義をことさらに強調することにつながる。

こうした国家発展の歴史像を強調する描き方は、戦前に政府が国史（日本史）や修身（道徳）の教科書を通して、国民を〝洗脳〟してきた皇国史観《こうこくしかん》と共通のものであろう。皇国史観とは、戦前日本で文部省が中心となって、国民統合・動員のための「正史」としてまとめたもので、天皇のもとでの国家発展を描く歴史観である。歴史学の学説史である史学史のうえでの皇国史観は、昭和十年（一九三五）から同二十年まで東京帝国大学で教授職を勤め、文部省の歴史叙述にも影響を与えた平泉澄《ひらいずみきよし》の学説としても知られている。平泉は、山崎闇斎《やまざきあんさい》や会沢正志斎《あいざわせいしさい》ら幕末の尊王主義者たちを賛美的に描き、軍国主義・天皇制国家のイデオローグとなっていった。

皇国史観のもとでは、天皇制国家が発展していく歴史が語られ、明治維新の人物たちは、国政の指導者や士族反乱の首謀者もみな英雄として顕彰されている。「英雄」「偉人」だらけの日本社会の歩みを提示することで、歴史は過去を通して社会に自省（自制）を促すという本来的な意味を失い、いたずらに「愛国心」を植えつけることへとつながっていった。結果として、戦前日本の社会では強制された「愛国心」が同調圧力を生み出し、国民の戦争協力を強制していったのである。

この反省に先立ちながら、明治維新の登場人物たちの「功績」のみを強調して皇国史観を再生産し、過去から現在までをことさらに「美しい国」などと評価するのではなく、実証的かつ批判的な「明治維新像」を、一般社会に対して示すことも本書の役割だろう。

等身大の江藤新平

的野半助が大正三年（一九一四）に執筆した江藤新平の伝記『江藤南白』は、大陸政策を賞賛した戦前日本の世相に基づいて、征韓論者であった江藤の顕彰を目的に執筆されたものである。この伝記は明治維新から五十年しか経過していないなかで執筆されており、大隈重信《おおくましげのぶ》や板垣退助《いたがきたいすけ》ら同時代人の証言が数多く採録されている。その証言のなかには江藤の個性に触れたものもあり、同時代をともに過ごした人物たちの江藤評がうかがえる。

たとえば、佐賀藩士時代以来、江藤の身近にいた副島種臣《そえじまたねおみ》は、江藤を「気魄勃々奇傑之士《きはくぼつぼつきけつのし》」として、気骨ある風変わりな豪傑と評している。さらに、明治六年政変で下野した征韓論派参議と入れ替わりで参議に昇格した旧幕臣の勝海舟《かつかいしゅう》は、「江藤は驚いた才物だよ。ピリピリして居って、実に危ない」と評している。同時代を生きた副島と勝から見ると、江藤は才能をもちながらも、どこか張り詰めた雰囲気のある人物だったようである。こうした評価は、明治期に法制度の近代化という一大事業に参画し、長州閥の不正追及に奔走した厳格な人物とする後世のイメージと通じる。

江藤は嗜好《しこう》にきわめて淡泊だったようで、喫煙はするが飲酒はせず、明治政府に任用されているときは常に机上に五・六冊の本が置いてある読書家だったようである。佐賀県立図書館に残された江藤の史料群には、西洋の政治制度の概略を紹介した福澤諭吉『西洋事情』初編のほか、神田孝平が翻訳した『和蘭州法《わらんしゅうほう》』『和蘭邑法《わらんゆうほう》』があり、江藤が書物を通じて西洋の政治制度や法制度を学び取っていたことがわかる。現代のように気軽に海外へ行くことも、海外の情報を得ることも難しかった幕末から明治の日本で、江藤が近代化された社会を知る手段は書物であった。副島や勝が江藤を才物として一目置いたのは、彼らの目には書物を通じて西洋諸国を理解し、最先端の西洋法学の知識を活かそうとしていると映ったためだろう。

ただし、社会全体が「西洋化」していくなか、江藤を高く評価した副島も勝も、時流には乗り遅れた存在となっていた。副島は明治初年こそ豊富な古典籍の知識で重用されたが、社会の西洋化を目指す政府では、次第に保守的な個性のために重要性が低下していった。江戸開城で知られる勝も、幕末期にはアメリカに外遊したが、明治に入ると、政府の省庁を転々としていた。副島や勝のように西洋社会への理解が乏しかったり、時代が明治に代わり、西洋の知識を活かすことができなかった人物にとって、江藤は自分たちに比べて気鋭の才に溢れていると映ったのだろう。

副島や勝が江藤を高く評価する一方で、福澤諭吉や加藤弘之《かとうひろゆき》とともに明六社で活動した啓蒙思想家の津田真道《つだまみち》は、司法省に出仕していた頃のことを、「江藤新平が司法卿として居たが、麟祥先生の翻訳した五法を種本として、日本の法律を拵《こしら》えようとした。今考えて見ると、おかしい話」と述懐している。文久期にオランダに留学し、ライデン大学教授フィッセリングに政治学を学んだ津田からすると、江藤が司法卿として陣頭指揮を執った法典編纂事業は、箕作麟祥《みつくりりんしょう》が翻訳した外国法に立脚したにすぎないものであった。

西洋思想理解の深浅によって江藤の人物評が異なってくるように、明治維新での功績には、解釈する個人の立場や歴史像が投影されている。近代法・司法制度形成の立役者として江藤を評価することで、明治維新を国家発展の歴史像と捉えることありきでは、江藤の人物像だけでなく、明治国家の性格を見誤らせることにつながっていく。

そもそも、幕末・明治という激動の政局では、当事者たちにとって想定外の事態は多々起こり、国家目標への邁進《まいしん》と修正が重層的に施されていた。すなわち、明治維新とは単線的な西洋化・近代化への道程ではなく、紆余曲折を経た政治的所産と捉えるほうが正確だろう。こうした理解を念頭に置いた場合、理想的国家像へと単線的に邁進する江藤像を描こうとするのではなく、刻々と変化する政局のなかでの政治判断の連続のなかで人物を描くことこそが、人物史の本来的な描き方であろう。

※引用史料には、適宜句読点を付したほか、読み下した。また、表記上の煩雑さを避けるため、佐賀県立図書館所蔵「江藤新平関係文書」については所蔵先と史料群名を付していない。

第一章　風雲急を告げる幕末の政局

幕末日本を取り巻く環境

天保五年（一八三四）二月九日、江藤新平は佐賀《さが》城から西へ約二キロの地、肥前国佐賀郡八戸《やえ》村（佐賀市八戸町）に生まれた。明治維新《めいじいしん》に先立つこと三十八年。同じ天保期の生まれには、松方正義《まつかたまさよし》（天保六年薩摩生まれ）・山県有朋《やまがたありとも》（天保九年長州生まれ）・大隈重信《おおくましげのぶ》（天保九年肥前生まれ）ら、総理大臣経験者が多くいる。

江藤が誕生した頃、日本から遠く離れたヨーロッパでは、一八〇四年に帝位に就いたナポレオンのもと、フランスが覇権獲得を目指してオランダを属国化するなど、周辺諸国への圧力を強めていた。翌〇五年、ナポレオンがイギリス上陸を企図して戦争に突入する（トラファルガー海戦）と、イギリスとフランスの対立は決定的となる。ヨーロッパ本国での英仏関係は、イギリスの対中国アヘン貿易の本格化にともなう、インド＝中国航路をめぐる制海権争いのため、遠く離れたアジアにも波及していった。

文化五年（一八〇八）八月十五日、イギリス海軍将校フリートウット・ペリューの乗り込んだ英国艦船フェートン号が、オランダ船と偽って長崎に入港し、入港手続きに来たオランダ商館員二名を拿《だ》捕《ほ》する事件が起こる。フェートン号の長崎入港はわずか数日であったが、この間、長崎奉行以下、長崎警備の兵たちはなすすべもなく、事件をただ傍観することしかできなかった。こうしたフェートン号事件の衝撃は、長崎・佐賀に留まらず、江戸にも波及しており、幕府の威光と対外政策のあり方に再考を促すこととなっていく。

フェートン号事件に先立つ文化元年には、ロシア皇帝アレクサンドル1世の親書《しんしょ》を帯びたレザノフが、国交樹立を求めて長崎に来航するなど、ヨーロッパ情勢とは無縁であった極東の島国日本にも、世界情勢の余波が押し寄せ始めていた。

動揺する海禁政策

約二百五十年間の長きにわたってイギリスやロシアと国交のなかった日本では、徳川《とくがわ》三代将軍家光《いえみつ》以降、海禁《かいきん》政策のもとで、長崎出島《でじま》などの四ヶ所に限定した外交ルートでのみ海外交易が許されていた。交易地は、四つの口とも呼ばれる蝦夷《えぞ》地《ち》（アイヌ交易）・長崎（オランダ貿易・中国貿易）・対馬（朝鮮貿易）・鹿児島（琉球貿易）であり、それらの交易場では、藩や幕府から認められた少数の御用商人が交易を担っていた。そこから上がる利益は、松前藩・対馬藩・鹿児島藩など、交易場を治める一部の領主と幕府に独占されるものであった。

かつては、中学校・高等学校の日本史教科書で「鎖国《さこく》」と呼ばれていた近世の外交方針は、近年の教科書では海禁政策という語が用いられている（筆者が使っていた高校時代の教科書は、「鎖国」と太字で書いてあった）。完全に国を閉ざし、いずれの国とも国交を結ばないという意味の鎖国と異なり、海禁政策は、領民の私的な外洋航海・貿易・渡航を規制するものである。近世日本では、四つの口での交易は認められていたものの、領民の海外渡航は三代将軍徳川家光の時代より禁じられていた。

　統治者が密貿易や外洋航海を取り締まる海禁政策は、同時代の朝鮮や中国といった東アジア地域にも共通して見られる対外政策であり、当初は海賊の取り締まりを目的としたものであったが、次第に領民の私的な出入国を管理し、支配者に外交大権を集中させて国際秩序の維持を図ることで、中国の華夷《かい》思想を補完するものとなっていた。

　華夷思想とは、古代より近代まで続いた東アジア固有の国際秩序で、中国を世界の中心とし、漢《かん》民族以外の周辺民族を夷狄《いてき》という蔑称で呼び、教化《きょうか》の対象と見なすものである。古代以来、中国では華夷思想を具体化し、周辺民族を教化する体制として「冊封《さくほう》」が用いられた。冊封とは、「冊」（文書）を授けて封建《ほうけん》するとの意であり、冊封を受けた周辺諸国の君主は中国の爵号《しゃくごう》（侯《こう》・王《おう》）を授けられ、中国皇帝とのあいだで君臣関係を結ぶものである。中国皇帝から冊封された君主は、朝貢《ちょうこう》と中国の暦を使うこととされた。

　もともと室町時代には、日本も中国の華夷秩序に包摂されており、室町幕府三代将軍足利義満《あしかがよしみつ》・六代将軍義教《よしのり》はともに明《みん》に朝貢し、建文帝《けんぶんてい》から「日本国王《にほんこくおう》」に冊封されていた。しかし、豊臣秀吉《とよとみひでよし》の朝鮮出兵以降、日明関係は悪化し、修復されることなく、清《しん》朝による中国支配が始まった一六四四年には、中国を中心とした冊封体制からの自立を強く意識するようになった。東アジアで中国の華夷秩序の埒《らち》外《がい》に身を置いた日本は、新たな秩序のもとで国際関係を解釈・定義するため、自らを中国になぞらえた日本型華夷秩序を形成していく。日本型華夷秩序とは文字通り、華夷秩序の日本版インスパイアといえるもので、徳川将軍を中国皇帝に置き換えて、周辺諸国との関係を形成するものであった。この秩序のもと、幕府は私貿易・密貿易を領民に禁じることで、自らが外交主権者であることを交易国に表明し、四つの口での交易を幕末まで独占し続けたのである。

ところが、一九世紀初頭から、日本近海には交易を求めるロシア船が出没しており、フェートン号事件の衝撃も重なったことで、日本型華夷秩序に陰りが生じてくる。慣例を重視する前近代の日本社会において、江戸幕府黎明期からの海禁政策維持は、欧米諸国から開国要求がなされていく幕末期には至上命題となっていった。そうしたなかで、文政七年（一八二四）に欧米の捕鯨船乗組員と水戸藩漁民の私的な交易が露見した。関東近海での私的交易はたちまち幕府の知るところとなり、幕府は強硬な手段によってでも海禁政策を維持すべく、翌年に異国船打払令《いこくせんうちはらいれい》を布告《ふこく》する。

しかし、欧米諸国の極東進出が本格化しつつあるなかでは、従来の海禁政策維持を目的とした異国船打払令は、国際問題に発展しかねる危険性をはらんでいた。実際に、天保八年（一八三七）には日本人漂流民を保護したアメリカ商船モリソン号が、寄港した長崎でイギリスの軍艦と誤認されて砲撃される事件が起こり、幕府内からも異国船打払令による外国船対応が疑問視されていく。そのうえ、一八四〇年に東アジアの大国・清がアヘン戦争でイギリスに敗北したとの報が幕府にもたらされると、外国勢力への実力行使の無謀さが明白となり、異国船打払令は天保十三年に撤回される。そして、外国船への対応は遭難した船に限り、燃料と食料を与えて帰国を促す穏便な方針（薪水給与令《しんすいきゅうよれい》）へと転換していった。

異国船打払令も薪水給与令も、強硬・穏便の差こそあれ、海禁政策維持の手段という点では同じものだったが、両法令の改廃は国際状況を汲んでの幕府の対応変化であるとはいえ、二百五十年にわたって続いた海禁政策が、徐々に揺らぎつつあることを意味するものであった。

西洋化を進める幕末の佐賀藩

こうした日本を取り巻く情勢の変化や幕府の対外政策転換に、佐賀藩も無関係ではなかった。寛永十八年（一六四一）から、佐賀藩は福岡藩とともに長崎警備を年番で任されており、フェートン号事件の衝撃は、その年に長崎警備にあたっていた佐賀藩を直撃する。長い太平のなかで、長崎警備はもはや形式的なものとなっており、長崎常駐の兵力はわずか三百名程度にすぎず、オランダ商館長が、長崎警備の現状をみじめと評したほどであった（横山二〇一三）。

オランダ商館員の拿捕という前代未聞の事態の責任をとって、長崎奉行松平康英《まつだいらやすひで》は自刃。佐賀藩も長崎派遣の番頭《ばんがしら》千葉三郎右衛門ら関係者に厳罰を科して幕府に謝意を示したが、藩主鍋島斉直《なべしまなりなお》には逼塞《ひっそく》（謹慎《きんしん》）が言い渡された。これ以降、フェートン号事件の名誉挽回が佐賀藩の課題となっていく。長崎では、佐賀藩による長崎港口閉鎖用の鉄鎖敷設演習が文化五年（一八〇九）におこなわれたほか、領内のすずれ・女神《めがみ》・神埼《かんざき》・陰尾《かげのお》に「新台場」、高鉾《たかほこ》などに「増台場」が築かれ、備砲の増設も進められた。当然、こうした軍備の増強は一時的ではあるが、佐賀藩財政をより逼迫させていった。

佐賀城跡の鯱の門と続櫓　佐賀市

もともと佐賀藩では、成立当初から有力家臣に配分した知行地が他藩に比べて多く、藩の財源となる直轄地が少なかった。それに加えて、参勤交代や長崎警備の費用がかさみ、幕末期に慢性化した財政難を打開するための財政再建が急務であった。藩財政の改革は、天保元年（一八三〇）二月七日に就任した新藩主鍋島直《なお》正《まさ》のもとで実行され、質素倹約のほか藩役人の三分の一を整理し、家臣への知行地・俸禄米《ほうろくまい》の支給を停止した。直正の財政再建策は財政支出の抑制に留まらず、代官による年貢収奪の強化や年貢増徴のほか、西松浦《にしまつら》での石炭採掘や、クジラの専売などの殖産興《しょくさんこう》業《ぎょう》政策による歳入増加が図られた。

古賀穀堂画像　佐賀県立博物館蔵

しかし、天保期にはすでに収穫高が限界に達しつつあったことから、年貢増徴策は効果をあげることがなく、殖産興業政策も軌道に乗らずに撤回されている。結局のところ、佐賀藩の財政再建は家臣団への貸付金の回収や借財の踏み倒しといった一時しのぎによるほかなく、充分な成果を挙げずに、藩財政は悪化の一途をたどっていた。

　そうしたなかで、直正が着目したのが西洋の学問を取り入れることであった。直正の侍講《じこう》であった儒学者《じゅがくしゃ》・古賀穀堂《こがこくどう》が提出した意見書のなかで、「就中《なかんずく》、西洋諸国ハ天文・地理・器物・外科等ノコトハ万国ヨリモクワシク（中略）治国ノ制度ニモ色々面白キコトアリテ、経済ノ助ケニモナルベキナリ」（「学政管見《がくせいかんけん》」）と説いていた。これに着目した直正は、嘉永四年（一八五一）正月に蘭《らん》学寮《がくりょう》を設けて、オランダ語の書物の翻訳にあたらせている。

　すでに近世中ごろから、西洋の学問は長崎で交易のあったオランダ・中国から入った洋書が国内に出回っており、蘭学の名で一部の知識人や医学者のあいだで広まっていた。しかし、蘭学は医学に特化したものであり、政治や経済政策に西洋の学問を反映するという考えは、天保期にはまだ一般的ではなかった。穀堂は儒学者であったが、彼の意見書は西洋諸国の人文・物質・医学などが優れていることを説き、財政策に限界を感じていた直正に、西洋の学問を政治に反映させ、慢性的な財政難にあえぐ藩政の経済政策の一助とするように説くものであった。

一方、穀堂の意見書には、佐賀藩では洋学の素養のある家臣が不在であることが難点であるとも指摘されており、藩政に洋学が反映されるには、人材の育成から始めるという長期的なプランを強いられることとなった。そこで、洋学教育の拠点となっていったのが、蘭学寮であった。蘭学寮は、砲術を任務とする火術方《かじゅつかた》に併設され、洋書の翻訳を任務とした。その後、藩校弘道館《こうどうかん》に移管され、十二歳以上の藩士子弟の教育に資することとなっていく。諸藩による洋学教育は、天保九年に佐倉《さくら》藩が採用したことを先駆けとして始まっており、佐賀藩の洋学教育採用も、諸藩のなかでは比較的早期に始まったとみてもよいだろう。

佐賀藩における教育・思想の説明では、これまで「先進的に」洋学を採用したこととあわせて、葉《は》隠《がくれ》という思想も特色であると指摘されてきた。葉隠とは、享保元年（一七一六）に成立した、佐賀藩士山本常朝《やまもとつねとも》の談話を佐賀藩士田代陳基《たしろつらもと》が筆記したもので、藩士の生活行動の目標を、鍋島家を支えることに据える鍋島至上主義というものであった。

今日では、佐賀藩の教学のように理解されている葉隠だが、佐賀藩内では低評で、穀堂は佐賀藩では他の学問は必要なく、葉隠の教えだけで事足りると揶揄《やゆ》していた（「済急封事《さいきゅうふうじ》」）。こうした葉隠への評価は、藩上層に限ったものでなく、江藤と同世代の少壮の藩士たちにも共有されており、大隈重信は窮屈で奇怪なもの、副島種臣は日本全体の利益よりも佐賀藩の利害のみを優先したものと、一様に批判している。

そもそも、葉隠は秘本とされているうえ、藩主からも不評であったため、藩校弘道館では直接教授されるものではなかった。そのため、弘道館では「四書《ししょ》の大学《だいがく》より素読《そどく》を始めて論語《ろんご》・孟子《もうし》・中庸《ちゅうよう》」(『鍋島直正公伝』三巻)として、儒学(とりわけ、朱子学《しゅしがく》)を中心に学ぶとされていた。幕末には見向きもされなくなった葉隠が再評価されていくのは、太平洋戦争において軍部が「武士道と云うは死ぬことと見つけたり」の一節を、特攻を煽るイデオロギーとして援用したためであり、葉隠が近世から一貫して高く評価されていたと考えるのは曲解である。

折しも、欧米諸国からの開国要求がされ始めていく幕末の政局において、即時攘夷《じょうい》の是非をめぐって天下国家が論じられるなかで、葉隠のような佐賀藩の利害を論じる思想は、もはや現実の問題の解決策とはならなかった。そのため、幕末期の弘道館では旧来からの朱子学に加え、洋学を重視した教育が施されることとなっていく。

放蕩三昧の父・しっかり者の母

天保五年(一八三四)に生まれた江藤は、幼名を恒太郎と名づけられ、次いで又蔵《またぞう》と名乗った。江藤の家系は、鎌倉時代に関東から異国警固番役《いこくけいごばんやく》として下向した千葉氏を祖とした名門ではあったが、時代を経るにしたがい家運は衰退し、天保期には、江藤の家は足軽《あしがる》・徒士《かち》に次いで、藩内では下から三番目の手明鑓《てあきやり》と呼ばれる身分となっていた。手明鑓とは、財政難を憂慮した初代佐賀藩主鍋島勝茂《かつしげ》が元和六年（一六二〇）に設けたもので、平時の役を免除する代わりに知行を廃し、切米《きりまい》十五石を支給したことに始まり、戦時に鑓一本で奉公することから名づけられた（『佐賀市史』）。しかし、時代を経るにしたがって、次第に平時の役方に就くものが多くなり、江藤の父胤光《たねみつ》も、地域を巡察して不正を監視する郡目付《こおりめつけ》を先代から世襲していた。

胤光は役人でありながら、領民に対して威丈高《いたけだか》に接する人物ではなく、領民の信望も厚かったようだが、その反面、職務には熱心ではなく、義太夫《ぎだゆう》を謡い、酒を飲んでは放蕩三昧《ほうとうざんまい》の生活を送っていた。

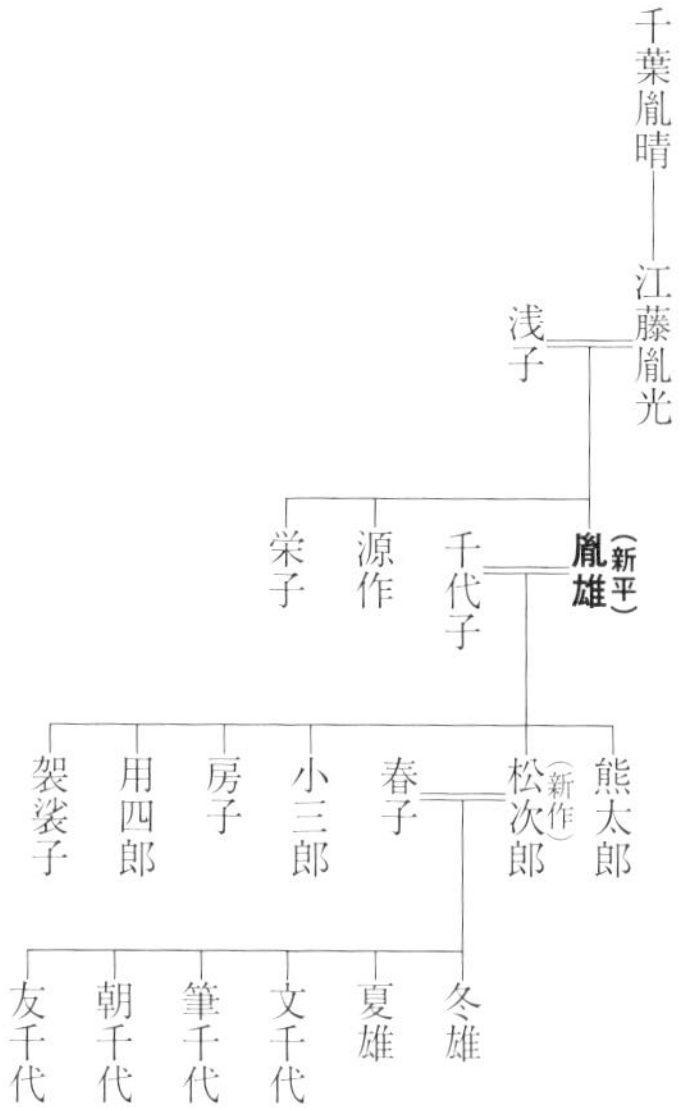

系図1　江藤家略系図

そうした放蕩が祟ってか、胤光は上役の不興を買い、郡目付を解任のうえで永蟄居《えいちっきょ》を命じられる。蟄居とは武士身分に課せられる処分であり、現代では謹慎に相当する。ただし、胤光が課された永蟄居は解除の見込みがないもので、郡目付の解職もあわせて考えると、事実上のリストラであった。江藤が十二歳のことである。

父の収入がなくなり、二男一女の子を持つ江

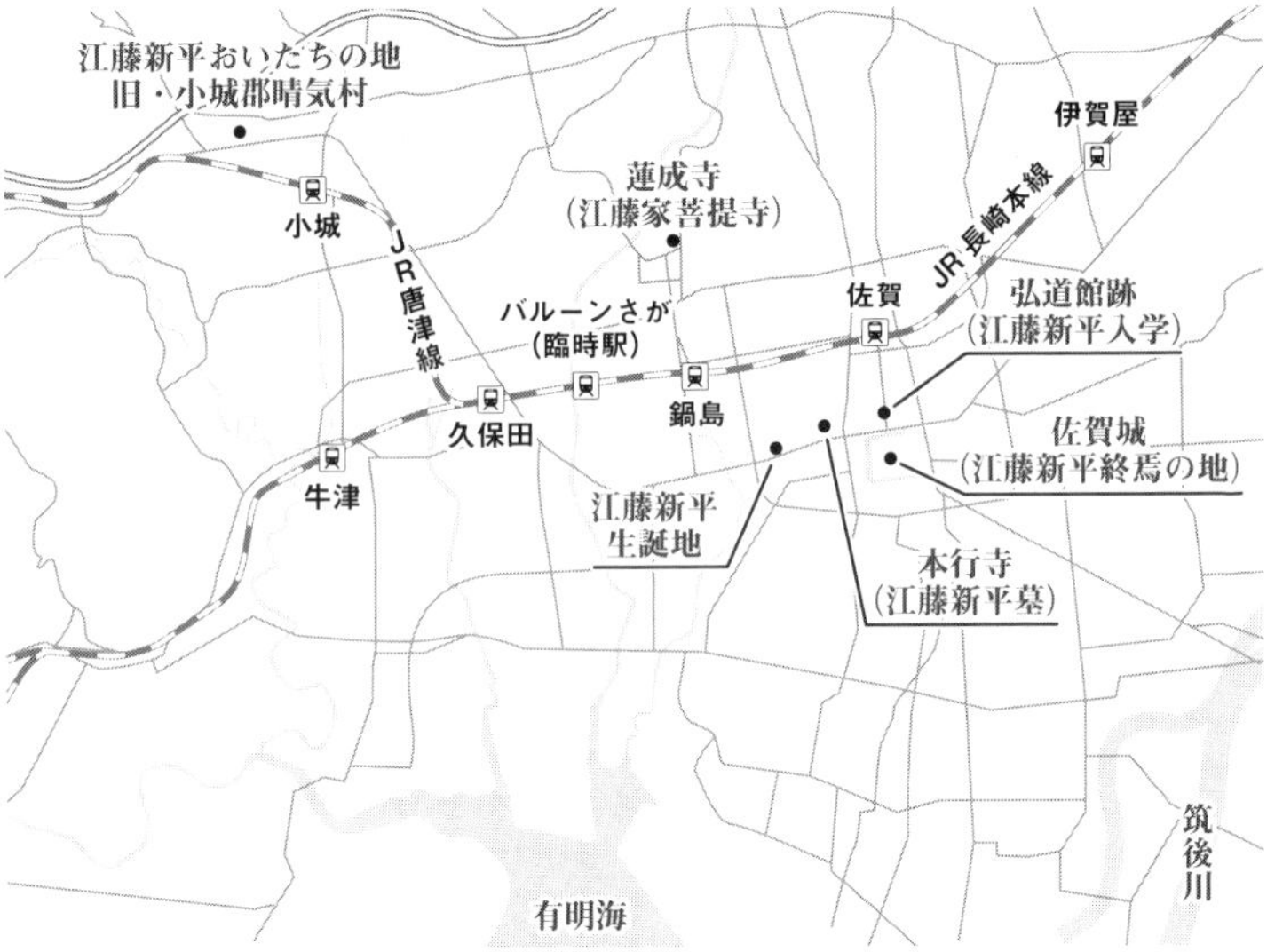

図１　佐賀市周辺の江藤新平関連史跡位置図

藤家は家計をまかなうことができなくなったため、母の実家を頼って佐賀藩支藩が治める小城《おぎ》郡晴気《はるけ》村（小城市小城町晴気）に移住する。漢詩を嗜むも義太夫を嗜むも同じであると称するほど学問にやる気のない胤光は、ここでも放蕩にふけっていたようで、寺子屋《てらこや》を開いたものの、「よみかき・そろばん」を教えることはなく、父に代わって漢籍の素養がある母浅子《あさこ》が、寺子屋と新平たち兄弟の教育を担っていた。

寺子屋と家庭を一人で切り盛りする母をしり目に、胤光は晴気の百姓の子弟を相手に、農業の合間や夜間に義太夫や囲碁に興じていた。胤光の主催する義太夫や囲碁は徹夜でおこなわれることも多く、百姓のなかには身を持ち崩すものもあったという。こうしたまったく性質の異なる父母を持つ家庭環境のなかで、新平は放蕩三昧の父の影響を受けることなく、母より四書五経《ごきょう》の手ほどきを受けて育っていく。

リストラにあっても反省せず放蕩三昧の父を見て、もとは名門であった家運の衰退に拍車がかかる様子を日常的に目の当たりにしていた新平は、晴気の地で一編の漢詩を認《したた》めている。

吾祖威名久熟聞　刀槍千隊掃㆓三軍㆒　雲蒸霧変知何日　誓以㆓微躯㆒画㆓策動㆒　（『江藤南白』上巻）

この漢詩は、衰退した家運を挽回するべく、祖先の功績に倣って立身することを誓ったもので、放蕩三昧の父を反面教師とし、四書五経の手ほどきを施してくれる母の背中を間近に感じながら詠んだのであろう。

こうした江藤家の窮状は、新平の経歴にも影響を及ぼしている。通常、佐賀藩士の子弟は、早ければ六・七歳頃に藩校弘道館に入学するものとされていたが、その間、新平は家庭の困窮のために弘道館に就学することもままならず、ひたすらに読書に時間を費やすのみであった。晴気に居た幼少時、新平は儒学書だけでなく、「北条《ほうじょう》五代記《ごだいき》」などの歴史書も読みあさっていたといわれる。こうした多様な書物の濫読が、弘道館入学後に朱子学を相対的に捉え、同世代の藩士たちとの交流を深めるための素養を形作ったのかもしれない。

藩校・弘道館に入学する

晴気への転住以来、義太夫と囲碁にふける父を見て家運の衰退を嘆きながらも、いまだどうすることもできなかった江藤に、嘉永二年（一八四九）、ようやく人生の転機が訪れることとなる。父胤光は周囲の配慮により貿易方《かわりしながた》に復職し、一家は佐賀城下に戻ってきた。それにより、就学期をすでに過ぎていた江藤は父母の許しを得て、幸運にも十六歳で内生として弘道館に入学することができたのだ。弘道館では六・七歳で外生として入学し、十六・七歳で内生となり、二十五・六歳で卒業して藩吏《はんり》に登用されることが通常であった。

弘道館は寄宿することが一般的であり、米五合、銭十二文を寄宿料としたが、微禄の家の者のなかには寄宿しない者もいたようである。父が復職したとはいえ、江藤の家は下級の手明鑓であったため、もともとの蓄えも少なく、いまだ家系は苦しかった。しかし、江藤家では一家を挙げて衣食を節制し、学費と寄宿料に宛てていた。

ここで、江藤は同じく内生となっていた同世代の藩士子弟と出会うことになる。この頃、弘道館には副島種臣・大木喬任《おおきたかとう》・中野方蔵《なかのほうぞう》・大隈重信が在籍しており、これらの人物はのちに国学者《こくがくしゃ》・枝吉神陽《えだよししんよう》のもとに集い、藩政に関与していくメンバーである。早くから外生として弘道館に就学していた副島や大隈と比べ、江藤は「大学」をすべて暗記しているなど学業では遜色なかったが、その風貌は清潔感に欠け、「頭髪蓬々《ぼうぼう》、塵垢衣《ちりあか》に満つるも平然」としており、学問以外のことに興味がなかったとされる。当然、こうした風貌や性質は周囲からは変人と見なされており、副島は後年の回想で、江藤との出会いを次のように語っている。

江藤新平という男は一寸《ちょっと》見ると鈍いような人であった。（中略）それを中野方蔵が見出して拙者に余程奇抜な所がございますと告げられた。そこで江藤を呼んで話をして見た所が、成程見る所が頗《すこぶ》る卓越して居る。それで矢張《やはり》後輩中にも先輩が余計に喜んで懇意にすると云うが、引立つると云うては失礼であろうが、矢張私がよく仕立って、それからずっと此人は現われて来られた。

（『江藤南白』上巻）

副島によると、江藤を見出したのは副島や大隈と並んで秀才として鳴らしていた中野だったようで、中野も副島も江藤と話をしたところ、その卓見に驚いたと述懐していた。ここで副島は、自分が江藤を引き立てたと語っているが、それもあながち間違いではなく、中野や副島たちとの交友を重ねていくことで、江藤も弘道館入学からすぐに、副島たちと同様に同館の教授法に異論を唱えていった。

大木喬任　『近世名士写真１』　国立国会図書館デジタルコレクション

弘道館は、儒学のなかでも幕府が正学とする朱子学を講じており、朱子学一辺倒ともいえる教育が主流となってまかり通っていたようである。そのため、佐賀藩では陽明学《ようめいがく》や蘭学などの朱子学以外の学問を講じて、弘道館教育を相対化する私塾《しじゅく》・私学《しがく》の類は少なかった。こうした弘道館での朱子学を絶対化するような教育に対して、江藤の四つ年少で先に弘道館に入学していた大隈は、弘道館教育を「余多の俊才をして凡庸たらしめた」（『大隈伯昔日譚《おおくまはくせきじつたん》』）と酷評しており、幕末期には、次第に書生のなかから弘道館の朱子学教育を批判的に見ていくような風潮が醸成されていった。

弘道館の教授法は、すでに江藤が晴気で読み込んでいた四書五経の自学自習を中心としたもので、江藤にとって弘道館での授業は刺激的なものではなかった。そのため、弘道館での授業の合間を縫って、副島や大隈とともに、国学者石井松堂《いしいしょうどう》や経書・史書を講じる福田東洛《ふくだとうらく》の私塾へ通っていた。

主君と家臣の関係において「忠」を重視し、幕藩体制維持のイデオロギーとなった朱子学に対し、江藤らがこの頃から傾倒していく国学は、尊王攘夷と結びつく思想として知られるが、本来は人間のありのままの感情表現を重視する学問だった。つまり、国学の成り立ちは、日本の古典に立ち返るとともに、朱子学を含めた儒学や仏教道徳が、本来の人間の心性を抑圧していることを批判することから始まっている。江藤たちの行動の底流にある批判が弘道館教育に向けられたのが先か、朱子学に向けられたのが先かは、鶏と卵のいずれが先かを論じるようなものではあるが、石井松堂の私塾で国学に接するという経験を通して、江藤も次第に朱子学一辺倒の弘道館指南役を相対化するに足る要件を満たしていったことは確かである。

江藤の真意はわからないものの、この頃の弘道館教育への批判に対して、大隈は窮屈な学制に反対して、改革論の主導者となったとしており（『大隈伯昔日譚』）、国事への関心が原動力というよりも、弘道館教育そのものへの漫然とした不満であったと考えられる。すでに述べたように、江藤が弘道館時代に行動をともにした大隈も副島も、鍋島家への忠義を至上の価値観とする「葉隠」を批判していた。理屈の上では主君への忠義を重んじるという点では、「葉隠」も朱子学も性質を同じくしていた。朱子学を中心とした弘道館教育への不満を口にしながらも、江藤らはまだ、朱子学・弘道館教育に代替する価値観を明確化しきれていなかったのかもしれない。

そうしたなかで、弘道館教育の相対化に拍車をかけたのが、枝吉神陽の存在であった。江藤が弘道館に入学した年、江戸昌平黌《しょうへいこう》に遊学《ゆうがく》に出ていた枝吉神陽が佐賀に帰藩し、八月に弘道館指南役に任命されたことで、それまで朱子学一辺倒だった弘道館の学風に変化が生じ、弘道館教育に不満を感じていた江藤らの依り代となる。

枝吉は副島種臣の実兄で、幼少の頃から神童の呼び声が高く、父南濠《なんごう》に従って儒学を修め、その見識の高さにより、藩主から江戸の昌平黌への遊学を命ぜられるほどであった。幕府の教校で朱子学を正学とする昌平黌において、枝吉は日本の古典籍研究を取り入れ、「昌平校においても書生が皇国の古典国書を見るものを多くなした」（『副島伯経歴偶談《そえじまはくけいれきぐうだん》』）という逸話があるように、国学に傾倒していた人物であった。

その思想は「日本一君論《にほんいっくんろん》」というもので、日本には「君」と呼ばれるものは天皇をおいて他になく、君臣関係は天皇との間にのみ成立するものであり、藩主と藩士の関係は主従関係ではあるが、君臣関係でないとするものであった（大園二〇一五）。こうした思想は、弘道館教育への疑念を持っていた江藤ら書生たちの心をつかみ、枝吉が弘道館に出仕するようになると、従来の朱子学教育に加え、江藤・副島・大隈ら同世代の藩士たちと国学・史学を重んじる一派を形成していく。

枝吉神陽の影響と義祭同盟

　枝吉が弘道館教諭に就任して以降、同校の様子は、大隈によると「学派ハ二様ニ分レテ居タ、一ハ経学ヲ講究シテ其傍詩文ヲ作ル草場《くさば》佩川《はいせん》ヤ武富圯南《たけとみいなん》ノ派ト、一ハ国学ヲ主トシテ日本ノ律例ナトヲ研究スル枝吉・副島等ノ史学派」（「談話筆記」下巻〈国立国会図書館憲政資料室所蔵「大木喬任関係文書」〉）が生じ、同校教諭草場らを中心とした朱子学に基礎を置いた学風のみであったものが一変していく。江藤らは枝吉のもとで大宝令《たいほうりょう》・古事記《こじき》・日本紀《にほんぎ》・大日本史《だいにほんし》・職原抄《しょくげんしょう》を学んでいた。枝吉のもとに集った弘道館書生のグループは、朱子学から離れていたこともあり、枝吉の学風から史学派と呼ばれた。枝吉のもとでの修養は机上の学問に留まらず、幕末から明治に至る江藤の思想の根本をなす、尊王攘夷思想にも影響を与えていく。

　枝吉の門下生らは、弘道館の外でも義祭同盟《ぎさいどうめい》という結びつきを形成し、「日本一君論」に基づいた思想を涵養《かんよう》する基礎となっていった。嘉永三年（一八五〇）八月二十二日、弘道館教諭に任じられた

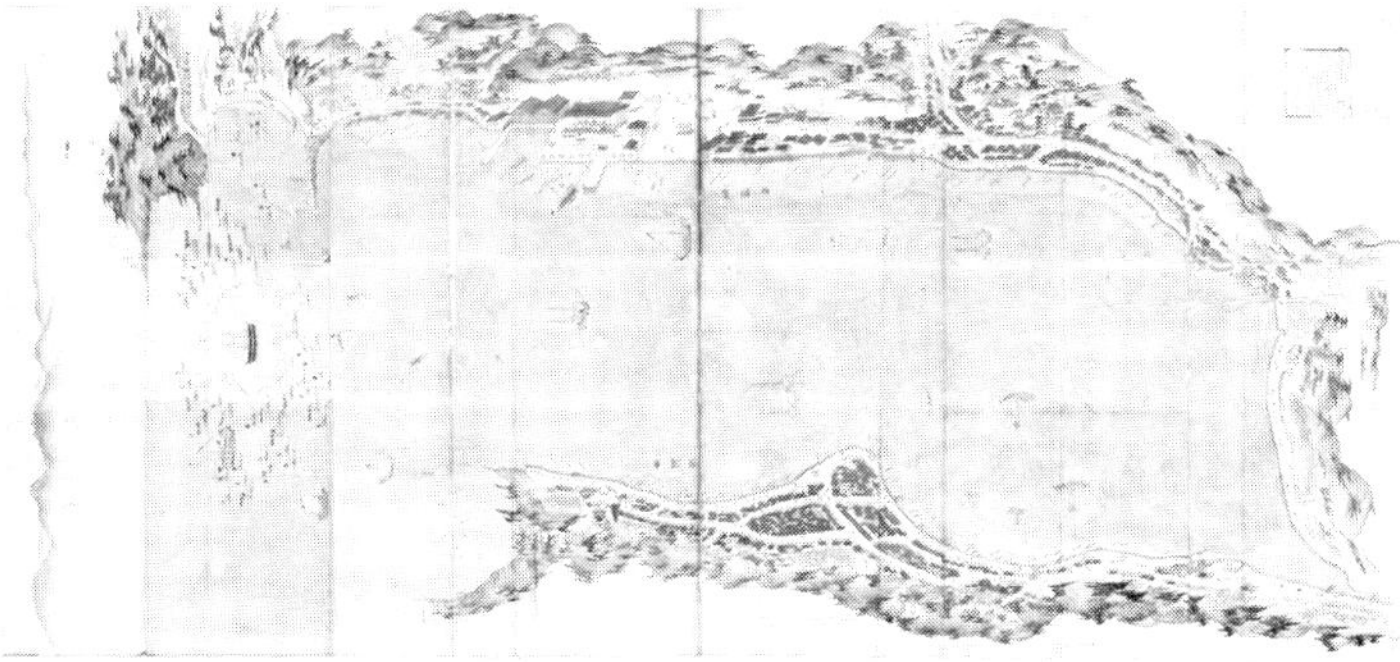

浦賀湊蛮船漂着図　国立公文書館蔵

まま、領内の秘宝や古文書を調査する什物方《じゅうもつかた》を兼任した枝吉は、西河内村（佐賀市本庄町）の梅林庵《ばいりんあん》にある楠木正成《くすのきまさしげ》父子像の存在を知る。この木像は、寛文三年（一六六三）に佐賀藩士深江信渓《ふかえしんけい》が藩内での祭祀のために彫ったものであったが、時代を経るにしたがって祭祀が途絶えていた。

偶然にもこの木像の存在を知った枝吉が発起人となって、楠木正成の命日である五月二十五日に祭祀を執り行うため、嘉永三年に結成したのが義祭同盟である。当初は楠木正成父子の顕彰を目的としていたが、次第に政治結社のような性格を帯びていき、「藩政を改革し、一方に士気を鼓舞し、大義名分の説を講じ、楠公《なんこう》の所為に倣うて、皇室に忠義を致さんことを説」（『大隈伯昔日譚』）くものとなっていった。義祭同盟の参加者を記した「楠公義祭同盟連名帳」には、嘉永五年から江藤の名前が見られる。

江藤が義祭同盟に加わった翌年、浦賀《うらが》（神奈川県横須賀市）にペリー率いる東インド艦隊が来航する。この頃、アメリカではカリフォルニアでのゴールドラッシュによって西海岸の人口が爆発的に増加していき、香港からの移民受け入れもあって、太平洋へと関心が向けられていた。また、西海岸の人口増加に一七世紀以来の鯨油需要が加わり、アメリカ西海岸から太平洋遠洋への捕鯨船操業が本格化する。さらに、一八四四年にはアメリカと清国間に通商を伴う望厦《ぼうか》条約が結ばれたこともあり、捕鯨業・米清通商の補給港確保が、アメリカにとっての課題となっていた。

そこで、アメリカ大統領フィルモアの命を帯びて浦賀に来航したペリーは、幕府に補給港となる港の解放を要求する。近世を通して外交実績のなかったアメリカからの要求に対し、幕府は返答を翌年に持ち越すよう猶予を願い出た。ペリー来航の翌月には、佐賀藩が警固役を担っていた長崎にプチャーチンが来航して、ロシアからの開国・通商の要求も加わる。

フェートン号事件からすでに四十五年が経ち、日本型華夷秩序に安定が戻りつつあったなかでのアメリカ・ロシアからの相次ぐ開国要求は、返答次第では二百五十年間続いた江戸幕府の外交方針に一大転換が加わる分水嶺《ぶんすいれい》であるだけでなく、夷狄を武力によって押さえつけ、日本型華夷秩序を維持するはずの「征夷大将軍《せいいたいしょうぐん》」の名にも関わる重要な問題であった。

前代未聞の状況に接した幕府が、朝廷や諸大名に条約調印についての意見を奏聞・下問したことで、それまで中央政治の舞台に登場することが憚《はばか》れていた朝廷や諸大名の意見が反映されていく。ペリーの来航は、二百五十年の長きにわたって続いた幕府の対外方針・政治方針を一変させていったのである。常識化していた価値観が揺らいでいくなかで、刻々と変化する状況に対応する指針を得るための新たな価値観の構築は急務となっていく。江藤にとって、その新たな価値観とは、国学に立脚した尊王攘夷思想だった。

この頃、佐賀藩にあってプチャーチンの長崎来航の報に接した江藤は、「諭鄂羅斯檄」（おろすをさとすげき）を起草している。このなかで、江藤はロシアの目的が通商と争端を開くことにあるとし、天皇の勅命によってロシアに攘夷を仕掛けることを主張している。江藤の主張は彼自身のオリジナルというわけではなく、義祭同盟の思想的支柱となっていた枝吉も同様に「擬諭俄羅斯王詔」（おろすおうをさとすみことのりにぎす）を草し、天皇の詔になぞらえて、ロシアに日本開国の不可を説いている。両者に共通しているのは、外交主体を将軍ではなく天皇であると考え、ロシアとの新規国交樹立に否定的な意見を持っていたことである。

枝吉はこの頃から、「日本一君論」を発展させて、内政・外交ともに天皇の親裁によらなければならないと考えるようになっており（島二〇〇九）、江藤も枝吉の影響から、天皇による攘夷の発動を建策するようになっていった。それは、将軍を中心に据える従来の日本型華夷秩序を否定し、将軍に代わって天皇を中心にした日本型華夷秩序へと作り替えようとする発想であった。

枝吉や江藤のように国学に立脚した尊王攘夷は、当時の政局にあっては、珍しい主張ではなかった。もともと国典研究に過ぎなかった国学は、平田篤胤《ひらたあつたね》以降、欧米諸国の日本進出に対抗すべく、日本の優位性を論じる学問となっていた。こうした国学の変化に影響され、国学者たちの多くは、尊王攘夷を唱えるようになっていた。江藤もまた枝吉の国学思想に傾倒することにより、先行きの見えない時局への対応を尊王攘夷をもって模索するのであった。

「大攘夷」対「小攘夷」

ペリー来航の翌嘉永七年（一八五四）、幕府はアメリカと日米和親条約を結び、次いで他の西洋諸国とも同条約を結び、下田（静岡県下田市）と箱館（北海道函館市）を補給港として開放することを西洋諸国に約束する。諸外国と結んだ和親条約は通商を含まず、燃料と食料の補給を外国船に認めるとするものであり、天保期に発せられた薪水給与令と同じ性質のものだった。したがって、和親条約の調印は薪水給与令を拡大したにすぎず、近世を通しての限定的な通商・交易は維持されていた。

しかし、一八五五年に対日貿易を望むアメリカ大統領ピアースの意向を受けて、駐日アメリカ公使としてハリスが下田に着任すると、アメリカは幕府に積極的に通商を求めるようになっていった。通商条約は、神奈川・新潟・兵庫・長崎・箱館の開港と江戸・大阪の開市（外国人商人の一時的滞在と商取引を認める）のうえ、自由貿易を認めるとするものであり、これまでの管理貿易体制に基づく海禁政策を撤回させ、日本型華夷秩序を否定することにつながるものであった。

筆頭老中《ろうじゅう》・堀田《ほった》正睦《まさよし》以下の幕閣たちは、ハリスの通商要求に戸惑いながらも、外交官の江戸駐在、兵庫開港、江戸と大阪の開市を次第に認めていく。安政五年（一八五八）四月に新たに大老《たいろう》に就任し

孝明天皇画像　『歴代至寶帖』　個人蔵

た井伊《いい》直弼《なおすけ》も、ハリスの要求を呑むことを早くから容認していた。しかし、尊王論者であった井伊は、朝廷との関係を重視したことから孝明《こうめい》天皇の条約勅許を求めたため、政局が混迷していく。

幕府からのたび重なる通商条約勅許の求めに対し、孝明天皇は激烈な反対の意思を表明する。その原因は天皇権の回復、または条約容認派の関白鷹司《かんぱくたかつかさ》政通《まさみち》の打倒といわれているが、判然としない。いずれにせよ、幕府の考えに反して孝明天皇が条約を認めなかったことで、国内は天皇の意向を重視して諸外国を打ち払うべく、攘夷を仕掛けるべきか、幕府の意向をのんで条約を認めるのか、通商要求への対応をめぐって世論が二分されていく。

かつては幕末政局を論じる際、天皇の意思を尊重した尊王攘夷思想と、朝廷に妥結しながらも幕府の主導権維持を目論む公武合体派の対立が視点となってきた。しかし、天皇を尊んで外国を打ち払う「尊王攘夷」と、幕府と朝廷を融和して国内の安定をはかる「公武合体」は、対《つい》となる概念でない。近年では、幕末期の国内世論の対立点は通商条約の是非をめぐるものとされ、「大攘夷」対「小攘夷」とする図式で描かれている（町田二〇一〇）。

「大攘夷」とは、日本の武備では西洋諸国との戦闘になれば必ず敗北することを認識し、無謀な攘夷を回避するものであった。町田氏によると、通商条約を認めて得た利益をもとに武備を整えて将来的な攘夷を目指すものであり、公武合体派の考えであるとしている。一方の「小攘夷」は、勅許を得ずに締結した通商条約を破棄して、即時攘夷を実行する考えであった。

「大攘夷」を標榜する江藤

ここで、幕末期の江藤新平の攘夷思想を見ていこう。通商条約の締結に先立つこと二年の安政三年（一八五六）九月、江藤は「図海策《とかいさく》」を起草する。このなかで江藤は、

我つらつら方今の形勢を考ふるに、東夷西戎《とういせいじゅう》の通商を願ひ、薪水を仰ぐとて、数々、諸港に来舶するは、蓋し日本の情実を窺ふならん。（中略）然ば則ち鎖国せんや、曰く、否、若し国とざせば彼等と戦はざる可らず、之を算するに、当今の勢にては、日本彼等と戦へば、勝つべからざるの理五あり（中略）そもそも日本の邦たる、四方皆海なるをもって、備べき所は甚だ広くして、海防の手段、最も施しがたき国なる故に、守て戦ふなどとは、敗亡の基にして、最も失策なり。ただ良策と云は、まづ当今の強国と和親を結び、宇内《うだい》の賢才を招て其用を給せしめ、軍艦を購ふて海戦を練習し、通商を盛にして国家を富すにあり、国家已《すで》に富み、海戦既に熟し、しかる後に檄《げき》を各国に伝へて無道の国を攻むべし、

として、和親条約の締結以来、西洋諸国が通商を念頭において、日本の事情を探るために寄港していると説いている。通商条約が締結されるのは、江藤が「図海策」を執筆した二年後のことになるが、このときにはすでに、イギリスが通商条約締結のための使節派遣を幕府に予告しており、江藤の見通しはあながち間違いではなかった。また、「図海策」のなかで江藤は、通商を求める欧米諸国への対応について言及しており、幕府は海禁政策に固執すべきではなく、開国のうえで通商もやむなしとしている。

「図海策」には、幕府が採用すべき外交方針は開国であると提起されていたことから、これまで幕末期の江藤の思想は、攘夷ではなく開国論であったと評価する向きがある。しかし、筆者は通商や開国の目的に着目したい。江藤は「図海策」で貿易を奨励し、欧米諸国から才人を招くとしているが、貿易で富国を図り、通商で生じた利益をもって軍艦を購入することで武備を整えて、充分な国力がついた後に攘夷を実行するというものであった。いわば攘夷を目的とした開国であり、早急かつ無謀な攘夷を回避して、将来において確実に攘夷を実行するという「大攘夷」といえるものである。

こうした「大攘夷」の発想は、幕末期には珍しいものではなく、のちに即時攘夷の牙城となっていく山口藩ですら、文久元年（一八六一）まで通商条約を容認し、将来の攘夷を期すことを認めた家老長井《ながい》雅楽《うた》の「航海遠略策《こうかいえんりゃくさく》」を藩論とし、「大攘夷」の方針を表明していた。

また、江藤の思想形成に影響を与えた枝吉神陽も、天皇の内政外交権掌握を建策していたが、やみくもに外国船を打ち払うことを主張していたわけではなく、佐賀藩でおこなわれていた西洋式の軍事演習を見て執筆した「観銃陣」（じゅうじんをみる）という漢詩のなかで、「銃陣一隊整二部伍一　莫レ道操練勉レ効レ虜　以レ虜征レ虜本兵機　鏖戦不レ用二天羽羽一　円乃為レ規方乃レ矩　一鞭麾レ兵捷如レ狙」と詠んでいるように、西洋式の軍事技術の優越を認め、それを導入したうえで西洋諸国と戦うべきと考えていた。

　国力を充実させて将来的に攘夷を実行する「大攘夷」と、即時攘夷決行の「小攘夷」が幕末史の争点となるのは、安政五年（一八五八）に通商条約の勅許の是非をめぐって、天皇と幕府が見解を異にしたことに始まる。そのうえで、諸藩を巻き込んだ政治闘争の様相を呈していくのは、万延元年（一八六〇）の和宮《かずのみや》降嫁に際し、幕府が十年以内の攘夷実行を朝廷に約束してしまったことに端を発する。この約束は、結果として即時攘夷（「小攘夷」）決行の口実となり、「小攘夷」の台頭を許すこととなっていった。

　枝吉のもとで国学を学んだ江藤にとって、「小攘夷」は近世初期に幕府が唱え始めた海禁政策維持に基づいたものにすぎず、天皇が直接統治していた古代日本では諸外国との往来があったことを指摘し、その頃の日本に立ち返るべきとして「小攘夷」を批判していた（「藩府に上る書」）。江藤が理想とした古代日本のような天皇制国家に立ち戻るためには、朝廷が外交権を幕府から奪回することが必要となっていく。

ここでは、先進的に「開国論」を採っていたと評価されてきた幕末期の江藤の思想について触れたが、江藤が標榜していたのは、近代国家創出につながるような開国論ではなかった。江藤の攘夷論は、幕末期の日本では一般的な「大攘夷」だった。しかし、江藤の「大攘夷」は　幕府の方針をありのままに受け止めて、現状に流されるという性質のものではなく、海禁政策の動揺を契機として、天皇が攘夷実行の中心となることを求めるものであった。これは、枝吉の「日本一君論」の影響であり、天皇を攘夷の中心に据えようとする発想は、文久二年の脱藩行動へとつながっていく。

脱藩し、京都へ

井伊直弼が桜田門外《さくらだもんがい》で暗殺された後、幕府の実権を握った老中安藤信正《あんどうのぶまさ》は、朝廷との融和を最優先として、将軍家茂《いえもち》と皇女和宮との婚姻と引き替えに、十年以内の攘夷実行を孝明天皇に約束する。しかし、孝明天皇が即時破約攘夷を唱えたことで台頭してきた尊攘派にとって、安藤がとった「公武合体」策は、朝廷の権威を幕府の強化に利用するものにほかならず、文久二年（一八六二）一月、安藤は儒学者大橋訥庵《おおはしとつあん》と連携した水戸藩尊攘派に襲撃されてしまう（坂下門外《さかしたもんがい》の変）。安藤は一命を取り留めるものの、武士にあるまじき背中の傷を負ったため、失脚する。

安藤の暗殺を謀った水戸藩士らに処分が下ったが、そのなかには、江戸昌平黌遊学中の佐賀藩士・中野方蔵が含まれていた。中野は、江戸遊学中に大橋訥庵と親交を深めていたことから安藤襲撃への関与が疑われ、捕縛ののちに伝馬町《てんまちょう》（東京都中央区）の獄舎で病死した（毒殺説もある）。弘道館の学友であり、義祭同盟のメンバーのなかでも最も深く親交のある中野の捕縛に際して、江藤は佐賀藩に中野の放免を求めるようかけあっていた。

文久二年六月二十七日、中野獄死の報に接した江藤は、藩庁に意見書を提出したうえで脱藩を決意する。江藤の目的は、佐賀藩を挙げて尊王攘夷を体現することであり、そのために幕末政局の舞台となっている京都の政情を探索し、鹿児島・山口両藩や尊攘派浪士たちの動向を藩に上申することにあった。この時期、脱藩行動は他藩藩士にも見られ、鹿児島藩では有馬新七ら精忠組による脱藩が持ち上がっていた。近世社会の通念上、脱藩は主家への明確な裏切り行為であった。そうした通念上のタブーを犯してまで江藤が脱藩したのは、

夙に藩内の事情を察し、藩の力を挙て、皇室の為めに尽くさんことは、其当時に於て、頗る為し難きを知りしを以て、先づ自ら京紳の心を動し、内外相応じて以て、閑叟《かんそう》（鍋島直正）の心を動さんと欲し、蹶然脱藩して京師に入りたり（『大隈伯昔日譚』）

とあるように、藩を挙げて尊王攘夷に向かわせるよう、藩外から藩論を動かすことにねらいがあった。この当時、尊王攘夷思想の広まりにより、忠誠の対象に天皇が含まれ始めたことで、藩を挙げての尊王攘夷実行を促すことを目標とする脱藩行動は、天皇への忠誠に主家を動かすプロセスと認識され、主家への忠誠の範疇と脱藩者たちは認識していた（丸山一九九二）。

江藤の伝記『江藤南白《えとうなんぱく》』によると、脱藩前年の文久元年頃、江藤は枝吉神陽を訪ねてきた福岡藩士平野国臣《ひらのくにおみ》とも交わっている。平野は生野《いくの》の変の首謀者であり、文久期には朝廷の尊攘派公卿三条実美《さんじょうさねとみ》や山口藩士とも深く関わっていた。平野や中野と親交のあった久坂玄瑞《くさかげんずい》を頼って、江藤は京都の山口藩邸を訪れたようである。

久坂には会えなかったものの、江藤はここで桂小五郎《かつらこごろう》（木戸孝允《きどたかよし》）に出会い、そのつてで朝廷内では即時破約攘夷の急先鋒として知られる姉小路公知《あねがこうじきんとも》の知遇を得る。『江藤南白』には江藤と姉小路の問答があり、江藤は朝廷の指揮のもとで大藩を動員しての攘夷実行を入説し、姉小路を通して孝明天皇へも意見書を提出している。

姉小路公知画像　『姉小路公知伝』　国文学研究資料館近代書誌・近代画像データベース

江藤が孝明天皇に提出したとされる意見書「密奏《みっそう》の議《ぎ》」には、開国以来、弱体化が顕著な幕府に代わって、朝廷が中心となって大藩に攘夷を委任することが訴えられている。それまで江藤が起草した「図海策」などには、通商・貿易を容認して国力が充分に養成されてから攘夷を実行に移すとされていたが、「密奏の議」には勅命によって鎖国を実現し、鎖国に異を唱える諸外国が現れた場合に攘夷を決行すべきとしている。これは、兵庫港を閉鎖して即時攘夷を唱えていた孝明天皇の意向をくみ取り、諸外国に闇雲に攘夷をしかけるのではなく、攘夷の対象とする国を見極めるべきことを促すものであった。

一介の藩士にすぎない江藤が提出した意見書が、孝明天皇のもとに届いたとは思えないが、「小攘夷」にせよ「大攘夷」にせよ、国内世論が分断されているなかでは、まず国内世論を統一して大藩の兵力を動員することが課題であった。そのために、江藤は朝廷と幕府との融和が必要不可欠と考え、京都だけでなく諸藩へも交渉の場を広げようとしていた。このことは、江藤が脱藩中に京都から国元の大木喬任に宛てた書簡に、「大和より越前亙りへ罷《まか》り越し候含み」（国会図書館憲政資料室所蔵「大木喬任関係文書」）とあり、奈良を経由して福井へと活動の場を広げようと模索している様子が読み取れる。この時期、福井藩は前藩主松平春嶽《しゅんがく》に大老職就任が打診されており、今後の朝幕関係を担う重要な藩であった。

しかし、相識の仲でもない春嶽周辺に入説するために福井へ向かうという判断は現実的なものではなく、大藩を攘夷に動員するには、佐賀藩主への入説を試みたほうがより確実な手段であった。この頃、隠居していた前藩主直正が国事周旋のため上洛するとの報に接すると、江藤は福井行きを中止し、直正周辺への入説を期して、佐賀への帰藩を決意する。たしかに、江藤の帰国判断は現実に即したものであったとはいえ、自藩の藩主を動かすことでしか、大藩を動員しての攘夷実行が不可能であることを悟ってのものであった。

帰藩し、蟄居を命じられる

文久二年（一八六二）九月、佐賀へ帰藩した江藤を待っていたのは、死罪を求める原田小四郎《はらだこしろう》ら藩上層部の藩主への上申であった。だが、六月ごろから上洛を決意していた前藩主鍋島直正は、京都情勢を記した江藤の意見書に目を通し、死一等を減じて江藤に永蟄居を言い渡す。江藤が直正に提出した「京都見聞《きょうとけんぶん》」には、長井雅楽の失脚によって山口藩の藩論が即時攘夷へと転換する可能性が生じたこと、諸藩上洛の風聞や大原重徳《おおはらしげとみ》・中山忠能《なかやまただやす》たち公卿の人物評が記されている。また、「藩府に答えるの書」には公武合体の必要性が説かれ、江藤が帰藩後に提出した意見書には、他藩に先駆けて直正の国事周旋が成功し、佐賀藩が京都政局をリードすることへの期待があった。

しかし、文久期の京都政局は刻々と変化しており、鹿児島藩が孝明天皇の意向をふまえて幕朝改革を実現したことで、国是《こくぜ》一定の可能性が生じ、直正が上洛したときには佐賀藩のつけ入る隙はもはやなくなっていた。

江藤は、文久二年九月から元治元年（一八六四）七月まで蟄居していたが（岩松二〇〇七）、処罰中にもかかわらず、文久三年五月に大木喬任とともに久留米《くるめ》（福岡県久留米市）に向かって佐賀を発っている。久留米行きの目的は、尊王攘夷の論客として山口藩に強い影響を与えていた、久留米水天宮の祠官《しかん》・真木和泉《まきいずみ》に面会することであった。しかし、真木に面会することはかなわず、代わって真木の弟の真木外記《げき》の仲介で、山口藩士の土屋矢之介《つちややのすけ》、瀧弥太郎《たきやたろう》、久留米藩士佐田白茅《さだはくぼう》と出会い、時局を語らううちに、江藤たちは佐賀藩が山口藩に大砲を貸与するとの約束を交わしてしまう。

この時期、山口藩では藩論が「小攘夷」へと転換しており、天皇の攘夷決行の勅命を奉じて関門海峡《かんもんかいきょう》を封鎖していた。一方、佐賀藩は前藩主直正が上洛したとはいえ、成果を挙げることもなかった。そのうえ、直正は江藤のように外交権を朝廷に掌握させることまでは考えておらず、攘夷決行には消極的な立場をとっていた（木原二〇〇九）。

攘夷観の違いを越えて、江藤が即時攘夷を藩論とした山口藩の支援にいたった原因は、山口藩の攘夷を成就させ、佐賀藩の藩論も攘夷に向かわせることがねらいであったと考えられる。だが、この約束は佐賀藩の藩論を転換する起爆剤になるどころか、翌月に佐賀城下に約束履行を求めてやってきた土屋と瀧が騒ぎ立てたことで、失敗に終わってしまう。山口藩支援について詰問された江藤と大木は、かたくなに約束の事実自体がないことを藩上層部に弁明し、謝罪文の提出で落着した。

蟄居中の江藤の行動は、処罰中と思えないほどに藩内での政治闘争にも関与している。この頃、江藤は小城藩士の富岡敬明《とみおかけいめい》を頼って山内大野の金福寺《きんぷくじ》に転住していた。小城藩では、藩主鍋島直亮《なべしまなおすけ》が元治元年二月二十七日に急逝し、跡を継いだ養子の直虎《なおとら》（直正の七男）が八歳と幼少であったため、小城鍋島家と血縁関係にある小城藩士太田蔵人《おおたくろうど》の勢力が台頭すると、直亮のもとで藩政の中心にあった富岡らの一派との間で政治闘争が起こる。江藤は副島種臣とともに、太田の暗殺を謀っていた（佐賀県立図書館所蔵「夏雲日記」）が、五月七日に富岡一派が江藤や副島に先んじて太田を殺害したことで、計画は頓挫する。富岡は実行犯ではなかったが、太田殺害に関与したことを疑われ、伊万里《いまり》（佐賀県伊万里市）の監獄に収監された。

蟄居中の文久二年九月から元治元年七月までの間、江藤の行動はきわめて政治的であったうえ、鍋島家家門の鍋島夏雲《かうん》に黙認されていた節もある。こうした自由な行動が許された要因は、現存する史料から読み取れない。もしかすると、江藤の「永蟄居」は、厳罰を求めた原田をはじめとした藩上層部の意向をくんだ表向きの処罰だったのかもしれないが、真相は定かでない。

暴走する山口藩と第一次長州征討

江藤が小城に蟄居していた二年間は、幕末政局が最も変動した時期であった。文久三年（一八六三）三月四日、征夷大将軍徳川家茂が、攘夷戦略の天皇への上奏と諸大名に対する統率権回収を目的として上洛する。孝明天皇は参内《さんだい》した家茂に、

> 征夷将軍の儀、これまで通り御委任遊され候うえは、いよいよ以って叡慮遵奉《えいりょじゅんぽう》、君臣の名分相正し、闔国《こうこく》一致、攘夷の成功を奏し、人心帰服の所置、これあるべく候。国事の儀については、事柄により、直ちに諸藩へ御沙汰あらせられ候間、かねて御沙汰成し置かれ候事、（『維新史』三巻）

との勅書《ちょくしょ》を与え、攘夷成功を期すように督促し、「国事の儀」は事柄によっては天皇が直接諸藩に沙汰することがあるとした。勅書によって、家茂が期していた将軍の諸大名への統率権回収は不首尾に

終わる。この勅書は、これまでどおりに将軍への大政委任を前提としながら、天皇が諸大名へ指令することが明記され、天皇が依然として政局のキーマンとなることを幕府に示すものであった。

この勅書に応えるかたちで、家茂は四月二十日に攘夷の期限を五月十日とすることを奏上し、翌日には諸大名にも同様に伝達された。将軍の攘夷命令は、五月十日から通商条約破棄交渉を開始し、諸外国が襲来した場合に応戦せよとの意味合いを含んだ通達であった（青山二〇一三）。

この命令をふまえて、同夜、山口藩の久坂玄瑞らの小攘夷論者は下関《しものせき》（山口県下関市）に停泊していたアメリカ船を砲撃した。山口藩の攘夷対象はアメリカだけにとどまらず、関門海峡を通過するフランス・オランダ軍艦にも及び、山口藩の攘夷決行によって、諸外国との全面的攘夷戦争の可能性が生じてしまう。諸外国との全面戦争のリスクがあるにも関わらず、久坂らが攘夷を決行したのは、日本全体を巻き込んだ全面的な攘夷戦争に突入することで、停滞しつつあった政局を打開できるとの見込みによるものだった。

しかし、山口藩の攘夷行動は全面戦争により、かえって幕府を追い込むものであり、大政委任を肯定する孝明天皇の意に反するものであった。こうした天皇の意向に気づくことない山口藩の尊攘派は、公卿三条実美と結びつき、八月十三日に大和国行幸《ぎょうこう》の実行にこぎつける。行幸の目的は、神武《じんむ》天皇陵と春日社に攘夷祈願のために参拝して軍議を開き、天皇を攘夷の旗振り役とするものであった。これは、即時攘夷を回避したい幕府の意向と正反対で、朝幕間の分裂を引き起こす可能性もあった。

山口藩の独断は、あくまで幕府との融和を前提とする孝明天皇にとって好ましいものではなかった。天皇はかねてより中川宮《なかがわのみや》や島津久光《しまづひさみつ》と連携し、山口藩と同調する三条ら朝廷内の勢力の排除を模索していた。こうした天皇の意向に、鹿児島・会津両藩による山口藩排斥の訴えが加わり、八月十八日政変が起きる。政変では、会津・鹿児島・京都所司代《しょしだい》の兵が禁裏諸門を封鎖し、天皇が認めた者以外の参内が禁じられた。当然、山口藩と三条が計画していた大和行幸は中止され、山口藩には京都留守居の者以外の退京が命じられる。本来ならば自宅に謹慎すべき三条ら攘夷派公卿は、退京する山口藩士に同調して長州へと逃れていった（七卿《しちきょう》落《お》ち）。

蛤御門　禁門の変は蛤御門の変とも呼ばれる　京都市上京区

元治元年（一八六四）六月五日、池田屋《いけだや》で吉田稔麿《よしだとしまろ》をはじめとする山口藩士が新選組《しんせんぐみ》に殺害された報が山口藩にもたらされると、八月十八日政変を主導した鹿児島・会津両藩の排除と京都での勢力挽回を期して、久坂たち同藩藩士は七月十八日に挙兵する。禁門の変と呼ばれるこの武力衝突は、わずか一日の戦闘で山口藩敗北に決し、同藩は「朝敵《ちょうてき》」として朝廷・幕府から掃討の対象とされた。

幕府は、山口藩主毛利敬親《もうりたかちか》に禁門の変の責任を問うため、西国諸藩からなる征長軍を編成して山口へ派遣する。八月に、先年の外国船砲撃に対する四ヶ国艦隊による報復を受けたことと、禁門の変での敗北が重なり、疲弊していた山口藩は降伏。三家老の首を差し出すとともに、藩主父子の謹慎を申し出たことで、第一次長州征討は終結した。八月十八日政変で山口藩とともに京都から逃亡していた三条ら七卿は、身柄を太宰府《だざいふ》（福岡県太宰府市）に移送されることとなる。

この一連の政局の変動をうけて、山口藩は小攘夷方針を放棄するにいたる。天皇の攘夷方針も結局は、慶応元年（一八六五）十月に兵庫沖に来航した外国艦隊が、第二次長州征討で大阪滞在中の将軍家茂に条約追認を天皇に上奏するよう迫り、天皇がこれを認めたことで、撤回されていった。

第一次長州征討に際して、前藩主鍋島直正は出兵に反対の立場だったが、幕府の要請をうけて、藩兵一万二千人を派遣した。文久二年（一八六二）八月に指導者・枝吉神陽をコレラで亡くしていた義祭同盟の面々は、数度にわたる会合を開き、副島が出兵反対の意見書を取りまとめて藩庁へ提出した（星原二〇一二）が叶わなかった。

この頃、江藤は藩上層部の原田小四郎に意見書を宛て、長州征討によって鹿児島藩が台頭すると予見し、諸藩を一致させるためには征討が不可であると論じている。目下、国政の懸案である外交上の問題は、諸藩の合議によって解決するべきことを具申していた。江藤によると、佐賀藩がとるべき行動は、朝廷・一橋・会津への長州征討不可を建策すること、長州征討に際して派遣した兵の撤退、落ち延びた公卿三条らとの連絡とした。藩上層部へと提出した意見書の内容を、江藤は自ら実行しており、慶応元年十二月七日、佐賀藩士牟田口孝太郎《むたぐちこうたろう》と太宰府に幽閉されていた三条のもとを訪れている。

第二次長州征討後の政局

話を第一次長州征討直後に戻すが、藩主父子の謹慎を申し出た山口藩に対し、権威回復の好機と捉えた阿部正外《あべまさと》以下の幕閣は、山口藩主父子と落ち延びた公卿の江戸護送を命じる。征討で敗北したとはいえ、この命令には山口藩も不服の態度を表明した。山口藩の対応を見た幕府は、山口藩主父子が召致に応じないことを理由として、慶応元年（一八六五）五月、長州再征を打ち出した。

しかし、わずか一年しか間をあけないなかで、財政難を抱える諸藩が二度目の征討での厭戦《えんせん》気分を持つことは明白であった。第一次長州征討で、藩内から出兵反対の声があがっていた佐賀藩は、前回のおよそ半数の五千七百人を後方に派兵することで、幕府への体面を保った。一方、征長軍の厭戦気分蔓延とは対照的に、薩長同盟の締結により鹿児島藩の支援をうけた山口藩は、国境の各地での勝利を収めていった。征長軍の敗退を知った徳川慶喜《よしのぶ》は、慶応二年七月の将軍家茂死去もあり、停戦を決意する（翌年一月に解兵令を布告）。家茂の急死によって、慶喜は慶応二年八月に徳川宗家を相続し、次いで十二月五日に二条城《にじょう》（京都市中京区）で征夷大将軍の宣下を受けた。

ところで、慶喜の将軍就任からわずか二十日後、孝明天皇が天然痘で急死してしまう。即時攘夷の発信源である孝明天皇が逝去したことにより、文久三年（一八六三）以来、天皇の側にあった慶喜は外交問題について干渉をうけることがなくなった。逝去した天皇の跡には、慶応三年一月九日、皇太子祐宮睦仁《さちのみやむつひと》親王が十六歳で践祚《せんそ》した。

このとき、孝明天皇の大葬《たいそう》にともなう特赦《とくしゃ》で、天皇の怒りに触れて謹慎を言い渡されていた廷臣の処分が解除され、中山忠能・岩倉具視《いわくらともみ》・正親町三条実愛《おおぎまちさんじょうさねなる》（のちの嵯峨《さが》実愛）が復帰する。岩倉ら三人は、鹿児島藩と謀りながら、朝廷内を次第に牛耳るようになっていった。朝廷内と通謀する鹿児島藩の計画は、有力大名を京都に結集し、慶喜との交渉を介して、天皇を中心に据える有力諸藩の合議体（公議政体《こうぎせいたい》）に、外交権をはじめとした政治的権限を移すものだった。

しかし、慶喜が鹿児島藩のねらいを退けたことで、鹿児島藩は幕府との交渉による体制変革路線を捨て、山口藩とともに武力による政変を計画する。この計画は、幕府との全面戦争・倒幕のくわだてではなく、朝廷内の改革を通して将軍職廃止・天皇親政を実現するものであった。だが、政変を模索する鹿児島・山口両藩の予想に反し、慶応三年十月十四日、慶喜は政権を天皇に奉還するとの上表を提出した。慶喜のねらいは徳川家を中心とした公議政体を構築するために、薩長がくわだてる将軍征伐の名分を失わせることにあった。

大政奉還後に慶喜が政権へ参入することの可否は、小御所《こごしょ》会議での決定事項である辞官納地《じかんのうち》（内大臣《ないだいじん》辞任と領地返上）を慶喜が受け容れるかをもって決することとされた。十二月九日、王政復古《おうせいふっこ》が宣言され、新たに総裁《そうさい》・議定《ぎじょう》・参与《さんよ》からなる政府が発足する。このとき、慶喜に近い松平春嶽と徳川慶勝《よしかつ》の仲介によって、慶喜の議定就任はほぼ決まっていたが、薩長にとって、将来にわたり安定的な政権運営をするためには、慶喜の排除は絶対条件であり、慶喜が政権内部に居座ることで、将来的どのような混乱が生じるかはわからないとの判断であった。鹿児島・山口両藩の慶喜排除の思惑に対して、徳川家臣のあいだには、反発が高まっていた。

慶応四年一月三日、慶喜の議定就任のための入京をめぐって、鹿児島藩と徳川家臣の対立感情が爆発し、京都郊外の鳥羽《とば》・伏見《ふしみ》において武力衝突が起こる。一年五ヶ月にわたる戊辰戦争《ぼしんせんそう》の戦端が開かれたのである。

再びの上京、幕領調査

こうした中央政局の動きに、佐賀藩も無縁ではなかった。大政奉還の報は、慶応三年（一八六七）十一月上旬に佐賀藩にもたらされる。大政奉還の翌日には、朝廷から鍋島直正に上京命令が下り、もし、直正の上京が困難ならば、代わりに藩主直大《なおひろ》を遣わすようにとの内容だった。直大は、佐賀が遠隔地であることを理由に上京の延期を願い出て、十二月二十一日、ようやく上京の途に就く。直大の上京に、郡目付となった江藤も随行しており、新政府の発足にかかわることとなる。

幕末期、佐賀藩は中央政局の対立に巻き込まれることを避けていた節があり、他藩が重臣を京都に

佐賀藩歴代藩主の万部塔　直大をはじめ、歴代藩主が国家安寧などを祈念して建てた　佐賀市

派遣しているなかで、そうした積極的な対応をしていなかった。そのため、京都政局への登場が遅れていた。佐賀藩が京都に到着したのは慶応四年三月一日で、すでに一月七日に朝廷が徳川慶喜追討令を発した後のことであった。上京命令を前年に受けたにもかかわらず、鳥羽・伏見の戦い後も姿をあらわさない直大に対し、朝廷は「朝敵」の嫌疑をかけていた。

上京直後、江藤は朝廷からの嫌疑払しょくに奔走することとなる。佐賀藩が幕府に与《くみ》する意思はないことを、脱藩時代に知りあった桂小五郎に弁解した（「京都其外御達事等」〈佐賀県立図書館所蔵「鍋島文庫」〉）ことで、佐賀藩への疑念は晴れていった。それにより、藩主直大は入京を許され、議定に就任する。

滞京中の江藤は、慶応四年三月八日、高知藩士小笠原唯八《おがさわらただはち》とともに関東の偵察を三条実美から命じられる。江藤らに課せられた任務は、政府軍の士気・軍規遵守のほか、東海道の民生、旧幕府軍と会津藩の動静調査であった（星原二〇一二）。江藤が江戸に到着したのは三月二十二日で、すでに西郷隆盛と勝海舟の会談によって江戸城が開城に決した後だった。新政府が接収した江戸城に乗り込んだ江藤は、ここで諸国の絵図、租税関係の書類、刑法の類《たぐい》を調査した。

これらの書類を江藤が調べたことを、後の明治政府での活動に関連して考える傾向が一部の研究者のあいだにあるが、江藤に課せられた使命は、東海道の民生調査であることから、その使命にしたがったままでであろう。江藤はまだ政府に登用されておらず、一藩士の立場で政府に協力していたにすぎず、政府の官吏となることは白紙の状態であった。江藤の置かれた立場を考えると、幕府がどこを直轄地とし、領民にどれほどの年貢を課していたのかを調べることで、戊辰戦争の戦費に宛てようとしていたと評価するほうが適切である。戦局を優位に進めていたとはいえ、新政府軍の戦費は豪商三井からの借財で賄われており、戦後の借財返済は避けて通れない問題であった。

また、江藤は刑法の調査を通じて、幕府がどのような規範を幕領の領民に付加していたのかを調べようとしていた。近代以降と違い、近世では全国一律の刑法があるわけではなく、それぞれの藩や幕領ごとに藩法や幕法があり、刑罰とその基準が異なっていた。そのため、刑法を通して幕府の民生を調べる必要があった。

どれほどの領地を有し、どのような法を制定して、幕府が民衆を治めていたかを知ることは、江戸を接収した政府にとっては初歩的な課題であった。

佐賀藩士から徴士へ転身する

明治二年（一八六九）一月二十五日、天皇が東京へと行幸したまま、政府の機能も同地へと移される（東京奠都《とうきょうてんと》）。この試みは、女官に囲まれ、政務にも学問にもかかわらない近世までの天皇像と決別し、万機《ばんき》を親裁し、時として軍事の先頭に立つ、新たな天皇像を創り出すための動きと結びついていた。天皇像刷新のためには、近世を通して天皇と結びついた伝統的な権威と切り離し、宮中の人心を一新する必要があった。

千年の長きにわたって天皇が居とした京都を離れ、新たな地で政治に取り組むとする奠都論は、慶応三年（一八六七）頃からみられるようになる。採用はされなかったが、翌年一月に大久保利通《おおくぼとしみち》が提出した大阪への遷都《せんと》意見以降、政府では奠都をめぐる議論が本格化していった。明治初年の遷都・奠都論と聞くと、大久保の遷都意見書が思い浮かぶという人が多いが、実は世間一般で広く注目されていた議論であり、郵便制度の父として知られる前島密《まえしまひそか》（開成所《かいせいじょ》教授）、『名将言行録《めいしょうげんこうろく》』の著者岡谷繁実《おかのやしげざね》（館林《たてばやし》藩士）らも遷都を唱えていた。

江藤も遷都論に反応した一人であり、大木喬任との連名で閏四月一日に「東京奠都の議」を提出した。この史料は、奠都と題されているが、実際には東西に二つの都を置くとする両都論であった。あえて江戸も都とする理由について、「天子東方御経営御基礎の場」とした。王政復古を理念として掲げる政府は、関東以北の地にいまだに幕府の遺制があると考えており、江戸を幕政から天皇親政へと刷新する拠点とすることがねらいであった。また、「東西両京の間、鉄路」を設けることによって、両京のあいだを往来することも求めていた。両都論は、この後も福岡孝弟《ふくおかたかちか》（高知藩士・参与）と北島秀朝《きたじまひでとも》（水戸藩士・総督府監察）も唱えている。

しかし、慶応四年の段階では、遷都・両都いずれも実現せず、三条実美を関東大監察使として江戸へ派遣することが、五月二十四日に決定する。三条を江戸へ派遣することで、逐一、京都の政府へ伺いをたてることなく、関東の行政を処理するためであった。三条派遣に先立つ五日前、政府は江戸に鎮台を設け、社寺・民政・市政の監督・運営を担わせている。江藤も三条に随行して、鎮台判事《ちんだいはんじ》としてて江戸市中の民政を担っていった。

「東京奠都の議」提出から江戸へ再び下向するまでの間、江藤は一介の佐賀藩士から朝廷直属の身分である徴士《ちょうし》に取り立てられている（『木戸孝允日記』一巻、慶応四年閏四月二日）。このとき、江藤に課せられたのは、総督府軍監《ぐんかん》という任務であった。戊辰戦争が翌年五月まで長期化していくなか、関東以北の経営は、政府の今後を左右する重要な任務であった。

第二章　江戸の民政と佐賀の民政

上野戦争で彰義隊の掃討を唱える

話を江戸開城前後に戻そう。鳥羽・伏見の戦いのさなかに大坂から江戸へ退却した徳川慶喜は、朝廷に恭順の意を示すため、慶応四年（一八六八）二月、勝海舟に事後処理を託し、自らは上野寛永寺《かんえいじ》（東京都台東区）に謹慎した。謹慎前の一月七日に、慶喜を朝敵とする追討令が下されてたことから、慶喜の冤罪《えんざい》をすすぐため、一橋家臣の渋沢成一郎《しぶさわせいいちろう》と天野八郎《あまのはちろう》が旧幕臣を集め、彰義隊《しょうぎたい》を結成した。

当時、江戸開城をしたとはいえ、依然として政府は江戸市政を旧来の組織に委任していた。謹慎中の慶喜に代わり、市政を代行していた津山藩主松平斉民《なりたみ》は、彰義隊を市中の治安維持にあたらせた。このため、彰義隊は江戸市中で力を持ち、次第に新政府の徳川処分を監視するようなそぶりをみせていった（保谷二〇〇七）。

慶応四年閏四月二十九日、江戸市中の状況を目の当たりにした関東監察使・三条実美は、田安亀之助《たやすかめのすけ》（のちの徳川家達《いえさと》）に徳川宗家《そうけ》の相続を認める代わりに、江戸市中の支配を接収した。これに対し、新撰組の残党を加えた彰義隊は寛永寺に集結し、慶喜の助命歎願をしていた輪王寺宮《りんのうじのみや》（のちの北白川宮能久《きたしらかわのみやよしひさ》）を擁立し、反政府の旗色を鮮明にした。

彰義隊の動きをみた新政府軍は、即時攻撃か、慎重を期すべきかで意見が二つに分かれていた。しかし、戊辰戦争の戦線は、北関東から東北地方へと拡大しつつあり、新政府の関東支配が軌道にのっていないことを示していた。関東鎮撫《ちんぶ》の成果を挙げるためには、江戸市中の不安分子である彰義隊を取り除くほかないと唱える軍防事務局《ぐんぼうじむきょく》判事大村益次郎《おおむらますじろう》の意見に決し、五月十五日、上野戦争が勃発する。

彰義隊の墓　東京都台東区・上野公園内

上野戦争に先立ち、軍監であった江藤は、五月一日に三条に宛てた意見書のなかで、彰義隊に解散を諭し、応じない場合には攻撃に持ち込むべきとする主張をしていた。江藤が慎重論に傾くことがなかったのは、随行した三条の考えを汲んでのことだろう。三条は「東叡山《とうえいざん》（寛永寺）頓集の賊徒だけは掃撃つかまつらず候ては相片付申さず」（『岩倉具視関係史料』下巻）として、岩倉具視に宛てた手紙のなかで彰義隊の鎮圧を望んでいた。京都の新政府の意向は、関東以東の鎮撫であった。そのため、江戸開城後に東下した三条・江藤・大村が、彰義隊の掃討を唱えたのは当然の結果といえる。

彰義隊の掃討は、十五日午前八時からはじまり、夕刻には彰義隊の敗北に決した。この戦いでは、彰義隊が陣取った寛永寺側面にあった富山藩邸や水戸藩邸（現、東京大学本郷キャンパス）に、佐賀藩のアームストロング砲が配備され、寛永寺へ向けて砲弾を撃ち込んだ。このアームストロング砲は、佐賀藩家老鍋島監物《けんもつ》の指揮下に置かれたものであり、使用に際して、東征総督《とうせいそうとく》有栖《ありす》川宮熾仁《がわのみやたるひと》と三条が、鍋島直正に依頼したものと考えられる（「原田小四郎宛江藤新平書簡」〈『江藤南白』上巻〉）。上野戦争で新政府軍が勝利したことで、江戸市中での明治政府の支配が確立し、治安維持や民政が次なる課題となっていった。

頭を悩ませる江戸の火事・貧民対策

上野戦争から四日後の慶応四年（一八六八）五月十九日、明治政府は鎮台《ちんだい》を置き、徳川家から江戸市政全般を受け継いだ。鎮台には大総督有栖川宮熾仁・烏《からす》丸《ま》光徳《みつえ》以下、監察・民政・市政・会計が置かれ、江藤は六月五日に民政兼会計営繕《えいぜん》就任の内示をうける。

翌月十七日、政府は江戸を東京と改め、鎮台を廃して関東周辺十三ヶ国を管轄する鎮将府《ちんしょうふ》を設け、三条実美を鎮将とした。鎮将府の組織は、鎮将のもとに議定・参与からなる議政官《ぎせいかん》、弁事《べんじ》などの行政官を置き、京都の太政官《だじょうかん》を模したものであった。鎮将府の設置により、軍事から江戸市政にいたる全権を委任されていた大総督府は、軍務に専管することとされた。鎮将府は東国における太政官の代理組織であり、ゆくゆくは大総督府を解体し、東京に太政官の機能を移すための布石であった（松尾

明治東京全図　国立公文書館蔵

一九九五)。

東国で明治政府の統治機構が整えられつつあるなか、いまだ江戸の民政には課題が山積していた。鎮将府の設置にともない、会計局判事となった江藤は、江戸の民政と向き合うことになる。会計局判事とは、鎮将府の財政を担当する役職であり、徴税を通して江戸の経済・民政を担った。

ちなみに、近世を通した江戸の民政課題は、火事と貧民の対策だった。とりわけ、火事は「火事と喧嘩は江戸の花」という言葉があるとおり、近世を通して江戸の町では、振袖火事(明暦三年〈一六五七〉)や八百屋お七の火事(天和二年〈一六八二〉)に代表されるような大火がたびたび起きていた。大小問わず、火事の原因はさまざまだが、放火がもっとも多く、木造家屋が密集する町人地では、瞬く間に火の手が広がっていった。そのため、近世初期から出火対策は江戸の民政の課題とされており、江戸幕府も火消《ひけ》し・火付盗賊改《ひつけとうぞくあらため》を置いて出火・放火防止をはかったほか、延焼を防ぐための空き地(火除地《ひよけち》)や、街路を拡張した広小路《ひろこうじ》を設けて対策をはかった。

火事の影響は、町人たちの住宅事情以外にも、物価高騰を招いた。大火後は、町の再建に膨大な建築資材が必要となるだけでなく、職人の賃金・米価・家屋の賃料にも影響が及んだ。三井などの豪商からの借入金で戊辰戦争の戦費をまかなっていた新政府にとって、物価の高騰は、支出のさらなる増加につながる問題である。火事を防ぐことで物価高騰の可能性を排することは、江戸の民政を管轄する鎮将府の課題であった。

そのため、江藤もまた「出火の因を詳《つまびらか》にして、戒め、火事仕度せんことを要す」（『江藤南白』上巻）と記した意見書を呈し、火災の見廻りのための番を置くことや、町名主《まちなぬし》が防火を周囲に周知させることで、大火の発生を防ごうとしていた。

また、近世を通して成長し続けた巨大都市の江戸は、さまざまな業種で現業につく大量の労働力が必要となり、地方から労働力がかき集められた。それらの労働者は、武家奉公人や「棒手振《ぼてふ》り」と呼ばれる小商人、日雇いとなる者が多かった。しかし、流入者のなかには上手く仕事にありつけない者もおり、住所のない「無宿人《むしゅくにん》」となるケースもあった。社会からあぶれた無宿人は「非人《ひにん》」の起源であり、近世社会の進展とともに、浮浪の貧民は組織化されて浅草の「えた頭《がしら》」弾左衛門《だんざえもん》の支配下に組み込まれていく（塚田一九八七）。

だが、成長する都市江戸にあって、農村からの流入者は後を絶たず、時代の進展とともに身分制に組み込まれない無宿人もあらわれる。幕府は十七世紀頃から旧里帰農令《きゅうりきのうれい》を発したり、無宿人を取り締まって市中から追放するなどの対策をとっていたが、それでも間に合わないのが実情であった。

増加の一途をたどっている貧民対策は、鎮将府でも課題とされた。江藤は、貧民増加の原因が弾左衛門による仕事の手配がうまくいっていないことにあるとし、貧民を江戸からただ追放するのではなく、帰農させるために「不毛の地を開かせんか」との考えをもっていた。この頃、大久保利通や大隈重信も貧民対策に考えを巡らせており、南部・津・会津・岡山・高知の諸藩邸が空き家となっていたことから、そこで職業訓練を始める計画が立てられていたが、明治二年三月になると、政府は東京府に命じて、貧民による下総の開墾計画を指示した。開墾計画は豪商三井の資本を投下したこともあり、明治四年頃にはおよそ六千人の開拓民が同地に定着したようである。

急がれる財政の健全化

かねてより、新政府では東京奠都や太政官機能の東京移管が議題となっていたため、鎮将府の民政も長期の東国経営を見据えたものとなっていった。江藤もまた、「天下定まり兵隊皆帰り、鎮将府やみ、ただ東京府のみ残る事」になっても、開市・通商の好影響が江戸の民衆には及ばないことを懸念している。通商で生じた利益が民衆に分配されないうえ、金貸し業者らの貸し渋りが横行して金融が停滞している以上、経済の改善と雇用の創出は急務であった。貧民の移住帰農のほか、江戸の町での雇用を生み出す必要から、江藤は帰順した朝臣や東国の小藩を江戸に定住させ、貧民が兵士として取り立てられる道も模索した。

鎮将府で経済・金融政策が重視された背景には、増え続ける貧民を減らすということ以外に、政府自体の財務状況も影響していた。この頃、明治政府は極度の財政難にあえぎ、戊辰戦争の戦費調達にも苦慮していた。慶応四年（一八六八）五月、財政担当者となった参与の三岡八郎《みつおかはちろう》（のちの由利公正《ゆりきみまさ》）が、会計基立金《もとだてきん》（内国債《ないこくさい》）三百万両を戊辰戦争の戦費に充てる一方で、信用紙幣（本位《ほんい》貨幣との兌換《だかん》を保障しない法定紙幣）である太政官札《だじょうかんさつ》を発行して、殖産興業資金の創出を目指す建議を提出する。その建議に基づいて、殖産興業資金の貸し付け機関として商法司《しょうほうし》が設けられた。

しかし、元手となるはずの太政官札は、新政府の政費や軍事費の補填に流用されたため、経済の起爆剤となることはなかった。そればかりか、正貨の準備が不十分なまま信用紙幣が濫発されたため、金札《きんさつ》は市中の信用を得られず、額面以下の相場で流通することとなった。そのため、太政官札の流通は思うように進まず、由利財政によって経済の混乱・金融の停滞に拍車がかかる。

資金繰りに苦しんでいたのは、出先機関である江戸の鎮将府も同じであった。慶応四年九月八日、明治改元が布告され、翌月十三日に天皇の東京行幸が実現し、鎮将府は太政官に併合された。総裁・議定・参与からなる三職のもと、八局（総裁・神祇・内国・外国・軍防・会計・刑法・制度）を置いたとはいえ、政府機構は発足したばかりで整備途上にあり、財政・予算制度も充分に確立されていないことが、財政歳出の増大を招いていた。鎮将府の廃止にともない、会計官東京出張所判事となった江藤は、「政府急務十五条」を起草する。そのなかで、朝廷歳費を定額化し、年額三十万両以内におさめるとしたほか、「各官各局」に

由利公正　『近世名士之面影』　国立国会図書館デジタルコレクション

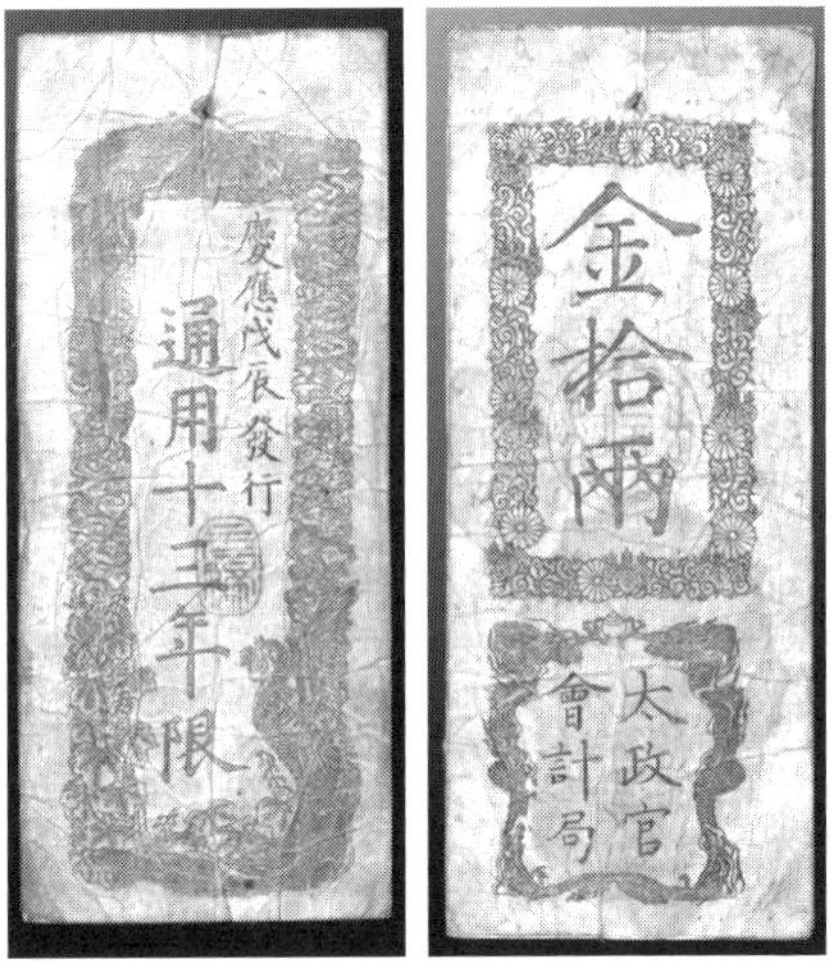

太政官札金十両札（右：表、左：裏）　日本銀行金融研究所貨幣博物館蔵

は会計局を設け、毎月の経費を記録して、会計官の管理のもとでの金銭出納を義務付けた。

会計局が各局の金銭出納を管理し、財政支出の増加抑制をはかろうとした以外にも、「政府急務十五条」では、近世までの民衆からの徴税に偏っていた税制度を変革し、「親王以下士庶に至るまで、各その分限に応じて税を貢」することを唱えている。この改革は、身分によらない税負担といえば聞こえが良いが、酒税・煙草税などの嗜好品や、「芝居見世物税」などの娯楽も課税の対象とされ、綱紀粛正と実質的な増税を兼ねたものであった。

江藤は「政府急務十五条」において、会計局管理のもとでの歳出削減と、増税による政府財政の健全化をめざした。しかし、貨幣制度が充分に確立していないなかでの増税は、家計の先細りと経済の停滞をもたらすことは明白であった。そのため、江藤の献策は、以後の財政策に反映されることがなかったと思われる。

明治二年二月、通商によって太政官札を手にした外国人商人が、正金と交換できないことを問題とし始めたことで、太政官札をめぐる混乱は外交問題ともなっていた。そのため、経済混乱の責任をとって由利が辞職し、代わって大隈重信が政府の財政策を担当することとなった。

大隈は金札を兌換紙幣（本位貨幣との兌換を可能とする法定紙幣）に転換し、全国的に流通させるため、府県藩へ石高一万石あたり二千五百両の金札を強制的に下げ渡し、本位貨幣に転用できる正金の上納を命じた。諸藩が個々に藩札を発行していることが、幣制の混乱を大きくさせている原因と考える大隈は、幣制を政府の発行する金札に統一するため、信用紙幣を回収した。大隈のねらいは、外国貿易の発展と国内産業の興隆にあり、実現するには外交問題にも飛び火した由利財政による混乱を終息させ、全国的に統一化された幣制の確立が求められたのである。

全国統一的な政治制度の構築

全国統一の体制を生み出していこうとする機運は、幣制にとどまらず、政治体制にも注がれていた。戊辰戦争が収束に向かうなか、明治政府の次なる課題は、全国に統一的な政治制度を敷くことであった。明治四年（一八七一）七月の廃藩置県まで、明治政府は府県藩からなる三治体制《さんちたいせい》を維持していた。三治体制とは、政府の直轄地である府県と、近世以来存続していた諸藩が併存する体制である。江戸幕府が倒れて明治になった後も、諸藩による統治は各地で続いており、それぞれが個別の支配体制を持っていた。しかし、近代国家の要件である統一的な主権国家を生み出すためには、廃藩にまで踏み込まないまでも、諸藩の固有性を否定し、支配体制を府県と同一化しなくてはならなかった。

明治元年十月二十八日、明治政府は「藩治職制《はんちしょくせい》」を布告し、藩主の家事と藩政を切り分け、諸藩でばらばらだった藩主以下の職制を執政《しっせい》・参政《さんせい》・公儀人《こうぎにん》に統一した。執政以下の者の登用に際しては、門閥にこだわらないこととしたため、中下藩士の藩政への参加を促すこととなった。「藩治職制」以降、地方制度を画一化しようとする明治政府の動きは加速していく。

翌明治二年一月、薩長土肥の四藩主が、土地と人民の支配権を返上する版籍奉還《はんせきほうかん》の意向を表明したことをうけ、政府は六月十七日に版籍奉還を断行し、二百六十年続いた、諸藩主による領有制の解体に踏み込んでいった。版籍奉還は、大久保利通と木戸孝允の主導で実現したが、両者の見解には相当の開きがあり、大久保は藩の支配権の温存を考えていた一方、木戸は藩の支配権の解体を考えていた。まったく方向性が異なりながらも、大久保と木戸は中央集権化という点では一致しており、版籍奉還に際して、奉還された支配権を藩主に再交付することで、朝廷・政府の威信を高めようとする大久保に対し、版籍奉還を機に、諸藩の支配権を解体しようとしたのが木戸だった。だが、両者は藩体制存続の是非は棚上げして、ひとまず版籍奉還で合意していった。

薩長土肥四藩が提出した版籍奉還の建白書は、鹿児島藩士の小松帯刀《こまつたてわき》と伊地知貞馨《いじちさだか》が起草し、大久保・広沢真臣《ひろさわさねおみ》・板垣退助《いたがきたいすけ》の合意を経て、藩主たちによって表明された。薩長土肥四藩だけでなく、諸藩主が版籍奉還に同意したのは、「奪うべきは奪い、与えるべきは与える」とされたためで、再交付論に基づいたことが魅力的であったためと思われる。しかし、木戸の意向により、支配権は再交付されず、藩名こそ維持されたものの、家政と藩政は分離されたうえ、旧藩主たちは藩知事《はんちじ》に就くことを余儀なくされた。

版籍奉還の断行により、藩主の意向が藩政に直接反映されなくなったことで、地方制度の統一化は推進されていった。そして、七月八日に公布された職員令《しきいんれい》により、諸藩は府県同様に知事・大参事・小参事からなる統一的な官制が施行されていった。制度上は統一されたとはいえ、藩知事以下の有力家臣団による統治の実態に変化はなく、政府にとって有力諸藩の存在は、依然として無視することができなかったのである。

財政破綻寸前の佐賀藩

版籍奉還に前後して、全国の諸藩は藩政改革に着手していた。改革の目的は、逼迫する財政の再建のほか、政府の意向である地方統治の画一化をふまえることのいずれかであった。とりわけ、戊辰戦争で「朝敵」の汚名を着せられた姫路藩などの諸藩では恭順の意を示し、従来の支配体制の維持を期して、版籍奉還と政府の意向をふまえた藩政改革の声があがっていた（前田二〇一三）。

一方、戊辰戦争に「官軍《かんぐん》」として兵士を送り込んだ諸藩でも、一年以上に及ぶ戦費の捻出により、藩財政は逼迫していた。佐賀藩は戊辰戦争で五千三百人余りの兵を戦場に送り、戦費は二万四千両ともなっていた。莫大な戦費を捻出することができず、佐賀藩は領民から千両もの資金を借り入れ、大砲鋳造にあたっては、代官所や藩校弘道館などから予算流用する有様であった。近世を通して蓄えられた膨大な財政赤字に加えて、佐賀藩では戊辰戦争の戦費が重くのしかかっていた。

借金完済とまではいかずとも、火の車の藩財政を支えるには、領民からの年貢米収入だけでは不可能であり、家臣団からの献米に頼っていた。藩財政は年を追うごとに深刻化しており、明治二年（一八六九）には前藩主直正・藩主直大の東京滞在費が「莫大」であると、家臣団から問題とされるほどであった。この頃になると、佐賀藩の借金は収入の二倍以上にも膨れ上がっており、藩財政の破綻は待ったなしだった。明治二年十二月頃には、財政破綻寸前の藩（丹波亀岡藩・河内狭山藩）が、自主的に廃藩を申し出た例もあったが、これらの多くは五万石前後の小藩であった（明治三年になると、例外的に十三万石の盛岡藩も自主廃藩を願い出た）。

廃藩も視野に入りつつあるなかで、佐賀藩は自主的廃藩ではなく、財政再建の道を選択する。この頃の財政再建は、家禄《かろく》（＝給与）の削減というかたちで行われるのが一般的であった。社員を簡単にリストラする現代社会と違い、武士の身分は近世を通して代々継承されるものであったため、家禄の削減には、藩士の数はそのままとし、全体の支給額を減少させる方法が用いられた。通常、上層藩士の家禄が一割程度削減され、下級になるに従って削減率は抑えられていったが、佐賀藩では上層藩士の削減率が抑えられていた。これは、上層藩士である藩主側役《そばやく》の意向が強く反映されていたためと考えられる。

しかし、財政赤字が深刻化するにつれ、藩政を牛耳る側役たちへの不満も高まっていた。明治二年一月の佐賀藩政改革では、「土地人民ハ申すに及ばず、御金庫ならびに御収納筋の義、一切政府において取り計り候様、尤御側御入用の義は別段引分差上候様」（「触状写」〈佐賀県立図書館所蔵「鍋島文庫」〉）とし、これまで藩主と側役が管理していた財源が家政から切り離され、藩の公的な資金とされた。このときの改革では、側役の持っていた藩政全般における決裁権や職務を解体し、藩庁で管理することが打ち出しされている。

ただし、この改革は藩主と側役が管理していた「埋蔵金」を掘り起こしたにすぎず、藩収入の二倍以上にものぼる財政赤字を、抜本的に解決する資金・手段とはなりえなかった。さらに、鍋島河内《かわち》や中野数馬《なかのかずま》らの側役が藩上層部に居座り続けた（木原一九九一）ことで、上層藩士の家禄削減も不十分なままであった。

ほとんど成果をあげることがなかった改革に、藩の財政悪化を危惧する前山清一郎《まえやませいいちろう》（後の宗竜寺党《そうりゅうじとう》党首）や久米邦武《くめくにたけ》たち、若手藩士たちは激昂した。彼らは、居座り続ける側役を排除したうえでの改革徹底化を求め、「かく二三局ほど（役所―筆者註）の廃合をなして改革とは何事ぞ」（『鍋島直正公伝』六巻）と、前藩主直正に訴えた。藩主直大は大木喬任を帰国させて改革にあたらせようとしたが、大木は若手藩士たちの評判が悪かったようである（星原二〇一二）。そのため、若手藩士たちの要望書には、副島種臣を呼び戻しての改革断行が要求されていた。三月一日、直正は副島と江藤を伴って帰藩し、藩政改革の意向を表明する。

かねてより、江藤は母親の看病を理由とした五十日の暇乞いを政府に申請しており、二月二十一日に帰藩の許可が下りたことが、直正の帰藩のタイミングと重なった。会計官判事の職にあった江藤が加えられたのは、直正の意向であったと思われる（星原二〇一二）。

藩政改革に着手する

佐賀に到着した翌日、副島種臣が参政、江藤が参政格に任ぜられた。江藤たちが就いた参政という役職は、藩庁では鍋島刑部《ぎょうぶ》の執政に次ぐ、二番目の高位であった。

佐賀藩の改革は、明治政府の意向である「藩治職制」に沿って進められた。「藩治職制」は、明治元年（一八六八）十月二十八日に政府が諸藩へ布告したもので、その内容は、

①執政・参政は門閥《もんばつ》にこだわらず、「公挙《こうきょ》」によって任用する。
②「兵刑民事及庶務ノ職制」は府県と一致させる。
③藩主の家政を担当する家知事を置き、藩政には関与させない。
④明治政府の立法機関にあたる公議所《こうぎしょ》の議員である公議人は、執政・参政から任ずる。
⑤諸藩に「議事ノ制」をたてる。

とするものである。このなかでも①・②・③は、府県藩の政治制度を統一することを目的としたものであり、④⑤は明治政府が統治理念とした「五箇条《ごかじょう》の誓文《せいもん》」の「広ク会議ヲ起シ、万機公論ニ決ス」ることを諸藩に求めるものであった。

「藩治職制」で政府が求めた項目のうち、①②は佐賀藩政改革に援用されていくことになる。若手藩士たちの求めに応じて、いつまでも藩政に居座り続ける上層藩士を退場させるには、①により門閥にこだわらない執政・参政の選出が必要だった。そのうえで、藩政からはじき出した上層藩士の行き先を、②にあるように、藩主の家政を担当する家知事とした。また、藩政改革に際して政府が布達した「藩治職制」に立脚することで、政府の意向をふまえた藩政改革という正当性を担保しようとしたのだろう。だが、①②が重視されたのと対照的に、④⑤は不徹底だったようで、公儀人には執政・参政ではなく、幕末期に皿山《さらやま》代官を勤めていた羽室雷助《はむろらいすけ》が抜擢された。

明治二年三月十五日、「藩治職制」に立脚した「藩治規約」を鍋島刑部が布告し、「府藩県ノ制ヲ以テ天下一規ノ政体相定メラレ、且ツマタ藩治職制仰セ出サルニ因リ、一藩ノ旧制ヲ斟酌スル」とした。藩政の抜本的改革をはかり、鍋島刑部は藩政府のもとに神事局・学校・軍務局・郡政局・雑務局・評定局・医局・監察局を置き、一等官から七等官を官制とした。そのうえで、官吏の昇進は「士庶人ノ才徳アル者ハ、旧制ニ従ヒ一等官ニ昇ルヲ得ル」とした。『鍋島直正公伝』によると、鍋島刑部による改革の結果、煩雑化していた事務手続き・決裁の簡素化が実現するなどの成果を挙げたようである。

こうした人材登用を中心にした一連の改革について、藩庁ナンバー2の副島が、どのように考えていたかは判然としないが、江藤の考えは鍋島刑部の改革と近かったように思われる。帰藩の前後、江藤は鍋島直正に意見書を提出している。その意見書には、「藩治職制」と同じく、門閥にこだわらずに藩役人を任用することが記されていた。江藤の意見書は、「藩治規約」に比べて、旧来からの門閥による政治の否定が強く打ち出されていた。これは、側役の排除を求める若手藩士たちの意向を反映したからであろう。また、下級藩士であった江藤が、藩政改革を断行するには、かつての上層藩士たちの排除は必定であった。江藤の意見書には、

①御家老と雖も、実に其才に非らずんば、職に居て徒食すべからず。
②人才選挙、必ず諸人を弁ぜず、惟、其方に適せずんばあらず。
③兵制の重んずる所の者は、将長其の才を得るにあり（中略）故に先ず去歳兵隊中に於て、衆人の推す所の者を挙げて、其の将長に充てる。

とされ、家老職以下、すべての藩の役職を家職としない、実力主義や人望による人材登用を唱えていた。江藤の藩政改革案は、漸進的ながらも、「藩治規約」に反映されていったのである。

また、江藤の意見は人材抜擢に限らず、民政改善もふまえられていた。江藤は、

市中郷村の農商、皆奸詐利慾を事とし、又幻怪浮屠の説を信ず。これ全く教化の道薄く、勧懲の術なく、専ら収斂租税に心力を用るにあり。これ皆浣洗して、信義を尊び、勧懲を旋し、幻説迷

語を禁じ、苛法を除き、収斂を薄くし、かつ市兵、農兵を制して、不時非常の用に供せん。

とし、藩政が税収にこだわるあまり、民衆教化を怠っているため、民衆が悪事を働いたり、迷信を信じてしまっていると指摘している。江藤は民政の改善を課題としたが、その目的は民衆生活の向上ではなく、市兵・農兵を編成して、軍事力の強化に供するためであった。

江藤が明治六年五月に起草した「官制案《かんせいあん》」には、「兵ト法トハ並立ノ要務」であるとされ、日本が欧米諸国と対等な関係（万国並立《ばんこくへいりつ》）となるためには、法制度の整備と軍事力の充実が必要とされた。江藤によると、オランダ・スイス・ベルギーのような「小弱ノ国」が「万国並立」できたのは、充分な法制度が確立したためで、法整備が充分でないロシアのような国でも、軍事強国であれば「万国並立」できたとする。この史料は、「万国並立」に必要な政府事業を記したものであった。

条約改正が実現するまで、明治政府の官吏・政治家たちは、自国の国力が劣っているとの自覚のもと、国力を充実させて「万国並立」をめざした。「万国並立」は西洋主義者にとどまらず、明治になると、「大攘夷」論者たちも唱え始めていた。国力の充実をはかり、諸外国と肩を並べることは「大攘夷」論者も異論はないばかりか、自国の優位性を証明し、攘夷実行のためには、「万国並立」は通過点であった。後述するように、江藤は明治となっても一貫して尊王攘夷を標榜していた。

江藤の思想に見るように、明治維新を迎えたからといって、すぐさま尊王攘夷思想が忘却されたわけでなかった。また、絶対的西洋化が進展していたのではなく、「大攘夷」のもとで西洋化も相対化されていた。

藩の財政再建にむけて

話を再び佐賀藩政改革に戻したい。鍋島刑部の改革は、若手藩士の求めによる人事刷新であり、側役の影響を排するなど、一定の成果を挙げた。しかし、戊辰戦争により膨れ上がった財政赤字はそのままとなっていた。

明治二年（一八六九）三月末、鍋島直正と副島種臣が東京に戻ると、江藤は藩財政の健全化に着手した。その考えは、商業奨励と規制緩和のうえで商工業者への徴税を強化するというものであった。ここで商業奨励が企てられたのは、前藩主鍋島直正による幕末期の改革のなかで、運上金（商工業者に対する税）が限界に達していたため、商業奨励をしない限りは、増税ができないと考えられたためであろう。直正も幕末期の改革で商業奨励に手を付けなかったわけではないが、甘藷《かんしょ》を原料とした砂糖製造や鉱山開発・クジラの独占販売などの特殊な産業が奨励されたため、失敗に終わっていた。直正が特殊な産業を奨励したのに対し、江藤の商業奨励は在来産業に向けられていた。

「民政仕組書」のなかで、江藤は佐賀城下に年二回開催の定期市を設けるとしたほか、遊女屋営業・芝居小屋営業・相撲興行を認可制とした。近世を通して遊女屋営業を禁じていた佐賀藩では、認可制とはいえ、規制を緩和したことは画期的であった。さらに、商業奨励は藩内に向けた規制緩和だけでなく、藩外への商品移出も認めていた。江藤は商社を設立し、米穀・材木・呉服・陶磁器の海外輸出を考えていた。

とりわけ、陶磁器は貿易品の目玉とされていた。佐賀の陶磁器は伊万里焼（有田焼）として知られる。現代では特産品としての評価はさることながら、美術品として高値で取り引きされている伊万里焼は、近世初期から生産量が制限されるなど、完全に佐賀藩の統制下に置かれていた。これは、初代藩主鍋島勝茂が伊万里焼を献上品・贈答品としたためで、大量生産による価値低下を恐れたからであった。そして、国内流通が制限される一方、伊万里焼は長崎貿易の輸出品とされ、万治年間（一六五八～一六六一）には二千点ほどが輸出されている。

江藤は、こうした近世を通じた伊万里焼の流通に異を唱え、生産統制により高値となっていた伊万里焼の大量生産を奨励した。伊万里焼について、江藤は高価であるが、細工が上手くないために三重の万古《ばんこ》焼ほどの美術的価値がないと断言し、食器として使うような廉価な伊万里焼を大量に輸出することで、海外市場のさらなる開拓をはかっている。

規制緩和による経済振興と税収増加をはかる江藤の構想は、結局のところ、藩政改革には反映されなかった。その理由は定かでないが、若手藩士以外にもさまざまな藩士との妥結が求められたため、従来の産業構造を変化させるような、奇抜な江藤の構想は避けられたのかもしれない。

商業奨励に代わって、藩財政再建の目玉となったのは、結局、藩士の家禄削減とその救済措置である士族授産《しぞくじゅさん》だった。先述の通り、江藤は会計官時代に貧民対策の一環として、関東近隣の開墾を考えていた。帰藩した江藤に代わり、開墾事業を引き継いだのは、東京府知事に就いた大木喬任であった。貧民を開墾に従事させようとした江藤と違い、大木は「藩及藩士工商」にこだわらず、開墾に従事させるとし、佐賀藩士の高柳《たかやなぎ》忠吉郎《ちゅうきちろう》と岸川《きしかわ》源内《げんない》に藩内での調整を依頼していた(「川浪家所蔵江藤新平関係文書」)。これは江藤にも伝えられたようである。大木の要請を受け、千葉県印旛《いんば》地域の開拓には佐賀藩の資本が投入され、佐賀の乱後から前山清一郎を中心とした開拓が始まっていく。

実態に即した村落・町方支配

江藤が起草した「民政仕組書」は、藩政全般にわたる改革が構想され、民政についても言及されていた。江戸の町の特殊性を背景に書かれた会計官時代の民政政策と違い、佐賀藩政改革に際しては、形式的となった民政機能を廃して、実態に即した民政の展開を促すものであった。

まず、「民政仕組書」では村政について、「村仕組」との項目を設け、「これまで五人組相廃し、およそ弐百戸を一組合とし、諸事申し合べし」とした。五人組とは近世期に設けられた領民支配の方法で、強訴《ごうそ》・逃散《ちょうさん》・一揆《いっき》の企てをしていないか、キリシタン禁制を遵守しているか、納税義務を果たしているかを領民同士に監視させるとともに、領民同士の相互扶助のために置かれたものである。しかし、佐賀藩領だけに限らず、一般的に五人組の機能は村落全体が担うとされ、五人組は近世初期には形式的なものとなっていた。「民政仕組書」では、村落を「諸事中合」う合議機関とし、近世村落が担っていた相互扶助は、藩が「貧院《ひんいん》」「老幼院《ろうよういん》」「病院」を設けるとして、村落機能の一部を接収した。

村落機能を合議機関に特化させた点は注目に値するが、村落における合議は寄合《よりあい》と呼ばれ、中世から近世の村落では一般的であった。中近世の寄合では、百姓全員参加のもとで年貢の割り付け、祭礼、山林原野の共同利用（入会《いりあい》）が話し合われていた。また、村落の支配を担う村役人（名主《なぬし》・組頭《くみがしら》）に対して、徴税や帳簿上の不正が認められる場合には、「村中之老分」から選ばれた咾《おとな》が代官所に訴えることが許されていた。村役人の不正監視も近世社会では一般的であったが、「民政仕組書」で再確認された理由は、藩財政が傾いているなかで、村役人による不正が横行し、年貢を取り損ねることを危惧したためかもしれない。

かつて、「民政仕組書」は、合議制に着目する研究者から、「開明的」「自治制度の先駆け」との評価を受けてきた。しかし、村落支配において記されていたのは、近世期の村落機能の再確認にすぎず、近世までの慣行を保障するという程度の意味合いで評価するほうが妥当であろう。

これは町方支配も同様で、町方においても五人組を廃して、諸事を寄合での合議で決定することを保障した。近世の町方でも寄合が設けられていたことは言うまでもない。

恨みを買い、刺客に襲われる

「民政仕組書」は、同年中に佐賀藩から藩政改革の方針を示す「民政仕組」として布告された。そこでは、江藤が起草した意見書の内容は大幅な修正がなされ、近世の慣行を追認したにすぎない村方・町方支配のみ据え置かれた。このことは、明治初期の佐賀藩政改革が、近世の慣行を受け継いだだけに終始したと考えられる。また、「藩治規約」の人事刷新で藩政から遠ざけられた側役たちが、次第に盛り返しはじめたことも、藩政改革が徹底化できなかった原因の一つであろう。

この当時、藩財政の逼迫を背景に藩政改革を断行する藩は多かった。たとえば高知藩では、板垣退助が藩政を主導し、上層から下層藩士の家禄を均質化する動きがみられた。一方、熊本藩では実学党政権が成立し、豪農の要求に即した改革が進展した。これら明治初年の藩政改革の過程において、諸藩では権力の再編が見られた。しかし、佐賀藩では、どのように権力構造に変化が生じたのかわからない。江藤が藩政改革の主導者になりえたのかも不明で、江藤のほかにも改革を構想する藩士や、江藤に反対する勢力がいたことも考えられるが、「藩治規約」以降の具体的な藩政改革構想はわかっていない。

明治二年（一八六九）十一月八日、江藤は佐賀藩を離れて再び上京するが、江藤の示した改革方針が踏襲されたのかは定かでない。ただ、戊辰戦争以降膨れ上がった財政赤字は、ついに克服されることなく、明治四年七月に廃藩置県《はいはんちけん》を迎える。そして、廃藩により佐賀藩が抱えていた借金は、政府の負債とされた。

われわれにとっては不明なことが多い明治初年の佐賀藩政改革ではあったが、この改革には後日談がある。上京翌月の十二月二十日、溜池葵町にある佐賀藩邸を訪れた帰途、江藤は琴平神社の周辺で刺客に襲われる。江藤が一喝して刺客は逃げたため、幸いにも肩を負傷したにとどまり、命に別状はなかった。襲撃を受けた江藤は手当てを受けるため、気丈にも歩いて藩邸まで引き返した。江藤が襲われたとの報は天皇の耳にも入り、江藤は見舞いの菓子と養生料百五十両を下賜されている。

江藤を襲った犯人は、いずれも佐賀藩の足軽であった。佐賀藩の足軽は、それぞれが組に所属し、給与は藩から組に一括して支給され、足軽組頭が末端の足軽たちに分配するという給与システムであった。また、佐賀藩の兵制が整った近世初期において、足軽は世襲ではなく、当代限りの身分であった（足軽は藩主との直接の主従関係がないため、厳密には藩士ではなかった）。それが、近世の長い太平のなかで、足軽身分が親から子へと受け継がれ、世襲身分と誤解されるようになり、本来は組頭が個々人に支給していた日当のような意味合いの給与も、次第に家禄として足軽たちに認識されていた。

江藤新平君遭難遺址碑　東京都千代田区

しかし、財政再建をめざす藩政改革のなかで、彼らが受けていた給与が打ち切られた。このことが江藤暗殺計画の発端であった。足軽たちの計画は、参政格として藩政改革にあたった江藤がリストラ断行の張本人と誤解してのことであった。なお、足軽階層のリストラは、佐賀藩以外の藩でも行われていたが、既得権益化していた足軽の給与打ち切りは、いずれの藩でも足軽からの批判を引き起こしていた。

六名の襲撃犯たちは、江藤が伏しているあいだに捕まり、個人的恨みから功臣を刺したことは許しがたいとの前藩主直正の考え（『江藤南白』上巻）により、全員が斬罪に処せられた。こうした卒《そつ》（明治となってからは、足軽は「卒」とされた）たちの反発は、佐賀藩内では続いており、明治四年十二月には、旧佐賀藩の卒たちが伊万里県庁に押し寄せ、家禄復旧を願い出ていた。廃藩置県後も卒をはじめとした旧藩士たちの家禄復旧要求は続いていたが、政府や県庁が要求を認めなかったため、佐賀においては卒もまた、反政府運動の担い手となっていったのである。藩政改革は、村方・町方支配においては、近世の慣行の再確認にとどまったが、卒に対しては近世までの慣行の廃止を意味した。

ちなみに、征韓党《せいかんとう》とともに佐賀の乱を起こした憂国党《ゆうこくとう》の党員の多くは、藩政改革により削減された家禄の復旧を唱えていた。皮肉にも、佐賀の乱の火種は江藤も関与した明治二年の藩政改革から生まれていったのである。

第三章　政治思想と諸改革

中弁の任務と政治機構改革

明治二年（一八六九）十月、政府からの要請をうけた江藤は再び上京する。この当時、明治政府は版籍奉還を足掛かりに、統一的な地方制度の創出に本格的に着手しはじめていた。しかし、政府内外には課題が山積していた。明治元年以来の流動的な政局に基づいて政府官制が成立していたため、内部対立の克服と中央集権国家に即応した官制の形成が課題であった。また、西南諸藩では依然として攘夷決行を唱える反政府運動が高まりを見せており、それに対抗するために政府の強化も急務とされていた（宮地一九八五）。

明治政府に舞い戻った江藤に用意されていたのは、弁事の役職（江藤が任用されたのは、弁事の次官である中弁《ちゅうべん》）であった。弁事とは、行政官である太政官の庶務を取り扱い、下級機関や諸国からの上申の受理と太政官への進達、太政官からの命令の下達文書の発給事務を管轄した。

江藤も弁事の職務をこなしていたと考えられるが、佐賀県立図書館や江藤家などに現存する史料からは、江藤がどのような行政処理に関与していたかはよくわからない。行政官としての江藤の足跡が判然としない反面、中弁就任当初より意見書を起草し、官制改革の発案に取り組んでいたようで、この頃の起草と思われる「新政改革等意見書」には、兵備の増強・藩知事の東京招集・弾正台《だんじょうだい》の廃止・大学への選挙官設置・神祇官減員・民法制定が提案されている。

兵備増強を訴えた目的は、かねてよりの万国並立のための軍事増強に加え、西南諸藩で高まりつつあった反政府運動に対抗するためであったと考えられる。江藤が中弁に就いた翌月には、山口藩で奇《き》兵隊《へいたい》脱隊騒動が起きている。これは戊辰戦争後、冷遇されていた奇兵隊などの山口藩諸隊が起こした反乱で、首謀者の大楽源太郎《だいらくげんたろう》は、大森県《おおもりけん》（津和野《つわの》藩領を除く、島根県域）と山口藩領内の百姓たちを扇動して一揆を誘発し、士族反乱と百姓一揆が結合した。政府はこの反乱の鎮圧に三ヶ月を要している。

奇兵隊脱隊騒動以降も、西南諸藩ではたびたび反政府の動きが見られていた。徴兵制もなく、いまだに有力諸藩の軍事力に依存していた政府にとっては、反政府運動に対抗できる自前の軍事力を整えることは急務となりつつあった。

反政府運動への対抗の一方で、諸藩への政府の統制強化も課題であり、その対応として、江藤は各地に居住していた藩知事の東京招集を唱えていた。これは、藩知事を藩政と藩地から隔離して、藩知事を中心に据えた諸藩の結合を解体することにねらいがあった。たとえば、この当時、鹿児島藩では藩知事島津忠義《ただよし》の父である島津久光《ひさみつ》が公然と藩政に口をはさんでおり、政府への独立性を強く主張していた。しかし、東京への藩知事招集は、近世までの藩体制解体の促進につながる一方で、かつての主君を東京に住まわせることによって、かえって藩知事たちの政府への介入を招きかねなかった。

諸藩に対する主導権の確保とともに、江藤の改革構想は政府官制にも向けられた。明治二年六月の版籍奉還後、政府はアメリカの政体《せいたい》を参考に起草した「政体書」に基づいた官制を改め、祭政一致《さいせいいっち》を原則とした復古的な官制へと変わった。新たな官制では。神祇官が復活して太政官の上位に置かれ、太政官には民部・大蔵・刑部・宮内・兵部・外務の諸省のほか、待詔院《たいしょういん》・集議院《しゅうぎいん》・弾正台・大学も創設された（二官六省《にかんろくしょう》）。このとき、神祇官が再興されたのは、国学者たちの悲願であり、幕末から神祇官再興・祭政一致によって、天皇を宗教・政治双方で権威化し、求心力を高めて対外的危機を乗り越えようとする意見書をたびたび提出していた。なお、慶応四年四月、江藤も岩倉具視に神祇官再興を願い出ている。

国学者たちは、全国津々浦々の神社祭祀を国家が統合することで、国民の国家に対する忠誠心が高まると考えていた。こうした神道国教化の動きは、西洋化をはかるような明治政府の指導者たちと対立しそうだが、意外にも彼ら明治政府の指導者たちは、政府への国民の忠誠心が高まりさえすればよいと考え、国学者たちの考えを黙認した。

神祇官内の対立を援和する

国民教化を期待されたはずの神祇官ではあったが、神祇官内では再興当初から津和野派と平田派の派閥争いが生じていた。両者は同じ国学でありながら、教義には大きな隔たりがあった。その隔たりとは復古神道を時流に合わせて解釈するかどうかの隔たりであった。大国隆正《おおくにたかまさ》の講じた国学の影響を受けた福羽美静《ふくばよししず》たち津和野派は、太政官の意向もふまえた時流に適する復古神道を唱え、次第に神祇官の主導権を握っていった。一方の常世長胤《とこよながたね》たち平田派は、祭政一致の実現に固執し、彼らの思い描く日本古来の純粋な神道信仰への回帰を唱えたため、神道を統制しようとする津和野派と対立して、次第に神祇官から排斥されていった。

江藤が「新政改革等意見書」を起草したのは、まさに津和野派と平田派の対立がはじまった頃であった。江藤は幕末から国学を信奉していたが、明治政府に出仕しても、「惟神道《かんながらのみち》（＝神道）ヲ以、大ニ貫クコト当然」（「教《きょう》部《ぶ》云々《うんぬん》之《の》議《ぎ》」）として、神道に基づいた国家支配を唱えていた。江藤が津和野派・平田派いずれの教義を重視していたかは定かでないが、神祇官減員の提案を通じて、神祇官内の対立を緩和しようとしたと思われる。

国家神道と大学双方での、平田派を震源とした国民教化・学閥をめぐる対立に加え、二官六省体制の発足後は弾正台を中心に官省内外の権限争いが頻発していた。明治二年五月二十二日に、刑部省とともに刑法官から独立した弾正台は、行政官省が公正に運営されているかをチェックする、行政監察を担う機関であった。しかし、弾正台の行政監察はあまりに強硬であり、些末な問題であっても諸省を糾弾するなど、諸省から不満の声があがっていた。江藤は、弾正台の廃止を「新政改革等意見書」以降もたびたび唱えているが、これは行政執行の妨げとなっていた弾正台を廃することで、行政の円滑な運営を期してのことであった。

　こうした官員たちの横暴を背景に、江藤は大学内に選挙官を設け、一定の見識を持たない官員が政府に任用されないよう企図した。しかし、当時、平田派の国学者たちはその原理的な教義から、設立当初から大学では儒学者たちとも対立を深めていた。大学は、江戸幕府の学問所であった昌平坂学問所を前身とし、明治四年七月の文部省創設まで、中央文教省庁と最高学府を兼ねた組織であった。開学の式典が神道に則り挙行され、ついで大学校御用掛を勤めていた平田派国学者・丸山作楽《まるやまさくら》が漢籍の素読廃止を唱えたことが、儒学者たちの反発を招き、教員・生徒を巻き込んだ騒動へと発展していた。そのため、江藤が唱えた大学への選挙官設置は、この対立の影響もあって失敗に終わったのだろう。

　また、司法権・司法行政について、明治四年七月の太政官制改革で、弾正台は刑部省と統合されて司法省《しほうしょう》となるが、この頃の江藤の構想は、司法省創設にまでは踏み込んでいない。「新政改革等意見書」起草の翌明治三年八月に岩倉が起草した「建国策」にも、「天下ノ刑罰及人民訴訟ノ法ヲ一定シテ刑部省ノ総轄ニ帰セシムベキ事」とされ、司法行政の確立には刑部省権限の拡大による対応がはかられるのが通例であった。そのため、江藤の弾正台廃止意見は、司法行政・司法権の確立とは異なる立場から唱えられるものであった。

　一般的に江藤のイメージは、明治初年から司法省の創設を唱え、欧米諸国にならった法制度を生み出したとされるが、明治政府に舞い戻った当初は、現実に起こっている問題への対応を思案したにとどまり、まだ西洋の政治制度にならった政治機構改革は考えられていなかった。「新政改革等意見書」にも民法制定が唱えられている。しかし、この当時の江藤の構想は、民法制定に限られており、後世での功績とされる法制度全般の整備にまで踏み込んでいなかった。社会の秩序を維持するための刑法は、明治二年から明律《みんりつ》（中国明代の刑法）を参考とした「新律綱領《しんりつこうりょう》」の編纂が刑部省で始まっていたのに対し、民法はその内容すら充分に把握されておらず、わずかに副島種臣が箕作麟祥に命じてフランス民法の翻訳が開始されたにとどまっていた。副島の回想によると、江藤は箕作が翻訳したフランス民法を借りだし、民法編纂に乗り出したとされる。

江藤が民法編纂に意欲を出したのは、近世以前の日本社会に民法がなかったことに加え、明治初年より金銭の貸借をめぐる訴訟の増加や、地方官による恣意的な判決により、各地から太政官に民事訴訟の処理についての質問書提出が相次いでいたためであった。中弁の任務である諸国からの上申処理の過程のなかで、民事訴訟についての伺書の提出増加に接したことも、民法編纂の必要を唱えた背景にあったと考えられる。

「新政改革等意見書」は、太政官に提出されたかも含めて、その後どのように処理されたかは定かでない。元来、官制改革は弁事の職掌の範囲外であった。それでも江藤が官制改革を唱えたのは、中弁の職務に関連する政治問題の解決を期してのことであろう。

「君主独裁」国家を理想とする

　明治三年（一八七〇）二月、江藤は政治機構改革を提案する制度《せいど》取調掛《とりしらべがかり》に任じられると、二十点以上の意見書を起草する。これらの意見書は、いずれも「君主独裁」を政体の基本に据えたものであったが、同時に、議会制・司法制度の形成を唱えたことから、研究者の多くは江藤を西洋主義者（西洋的民主主義者）と捉えてきた。とりわけ、議会制・司法制度の構想は、立法・司法の独立という点から高く評価され、その国家構想は、民衆の権利保護を念頭に置いた民主主義国家形成にあると考えられてきた。

　しかし、江藤が理想としたのは「君主独裁」国家であった。天皇の権威化を唱え、日本の優位性を主張する尊王攘夷思想に立脚する以上、「君主独裁」国家を目指すのは当然であった。ただし、江藤の政治思想の特色は、尊王攘夷に立脚しながらも、西洋社会で誕生した議会制・司法制度の有用性を認め、ひとまず国力充実を図る「大攘夷」にある。

　では、こうした排他的な思想に立脚しながら、江藤はどのように西洋の政治制度を受容できたのであろうか。明治五年に江藤が書いた「教部云々之議」には、

　皇国ニテハ惟神《かんながら》正直ヲ本源トシ、儒仏心性《外国ノ学》ヲ補佐トシ、他国ノ長ズルヲ取リ、短ナルヲ捨テ、以テ人民ヲ教化シ《善導シ》、智識技能ヲ教育ス

とあり、天皇権威と結びつく神道を侵害しない程度の西洋化であった。また、西洋化の目的も「皇国

（日本）ヲ興隆シ、宇内（世界）ヲ併呑」するためという、攘夷主義者らしい発想に拠っていた。
これまで、江藤を西洋主義者と評価した研究者たちの多くは、意見書に残された議会や司法制度の導入を表面的に評価し、江藤がどのような思想に立脚していたかまでは検討しなかった。理想的な江藤像を築き、西洋主義者と評価するあまり、「君主独裁」や攘夷思想を蚊帳の外に置いた恣意的評価をくだした。そうした評価をくだした原因は、西洋（近代）と非西洋（非近代）を対極の立場にあるとする固定観念であった。しかし、西洋の排斥を究極的目標とする尊王攘夷思想もまた、独自の近代化を構想する原動力となっていたのである。
独自の近代化構想とは、西洋の政治制度を取り込み、西洋的民主主義を樹立するのでなく、政体を強化し、攘夷を実現できる天皇制国家を確立するというものであった。江藤は国会と裁判所の創設をいち早く唱えたが、目的は三権が独立し、互いに牽制する西洋的三権分立ではなかった。この時期、江藤が起草した意見書のほとんどに、国会と裁判所は太政官の管轄と記され、太政官に三権を集約させて政府権限を強化するねらいがあることは明白である。なお、江藤は天皇が、
自ラ握スル五権アリ、一云教化ノ権ナリ、二云執法ノ権ナリ、三云行法ノ権ナリ、四云訴獄ノ権ナリ、五云兵馬ノ権ナリ、シカシ只兵馬ノ権ノミ自ラ振シテ百官ノ分職トセス、ソノ残リ四権ハ分テ二トス。所謂《いわゆる》教化ノ権ハ神祇官ニ分付シ、立法・行法・訴獄ノ権ハ太政官ニ分付ス。シカシテ此四権モ其要機ハ至尊（天皇）自決ス（「官制案覚」〈江藤家所蔵「江藤新平関係文書」〉）

とし、太政官の持つ権限は天皇から分与され、重要な事項には天皇が裁断を下すとした。そのため、太政官の権限強化は、天皇権力の強化に直結すると考えられた。明治三年に江藤が岩倉具視や三条実美へ提出した意見書に、太政官権限の強化が打ち出されるのは、そのためだろう。

大久保利通との距離感

この当時の政府は、薩長土肥四藩出身の有力者たちが政権の運営を担ったというのは定説化しているが、それぞれの藩出身者のなかでも意見が割れることもあり、一枚岩ではなかった。明治政治史にふれた書籍のなかで、「藩閥《はんばつ》」という言葉が用いられることもあるが、「藩閥」は薩長出身の有力者を中心にまとまった官僚群を指した言葉である。そのため、厳密には官僚制が未整備な明治初期に用いる言葉ではない。

同藩出身の間柄であっても意見の相違が生じていたのは、佐賀藩出身者にもいえたことで、「佐賀人モ長州方、副島ハ薩州方ナリ」(『保古飛呂比《ほごひろひ》』四巻、明治三年年三月)と考えられていた。ここで「長州方」とされたのは、大隈重信であった。大隈は、伊藤博文《いとうひろぶみ》・井上馨《いのうえかおる》・前島密・渋沢栄一《えいいち》たち大蔵省官員と親交を重ね(『大隈伯昔日譚』)、築地《つきじ》(東京都中央区)にあった大隈の邸宅には若手官員が集い、「築地梁山泊《りょうざんぱく》」と呼ばれた。大隈が「長州方」と見られたのは、徴税・財政・民政を大蔵省が掌握することで、諸藩の権力を削ろうと試みる木戸孝允の発案により、大隈は民部大輔と大蔵大輔を兼任し

大久保利通　『近世名士写真１』　国立国会図書館デジタルコレクション

ていたからである。大隈と木戸の考えが近いこともあり、大隈は木戸と行動をともにすることが多かった。大隈は、大木喬任や副島種臣とは考えを異にしていたと語っており、大隈・大木・副島の佐賀藩出身者は一枚岩ではなかったのである。

　大隈が「長州方」と見られた一方で、副島は「薩州方」と評されていた。これは、大久保利通が古典籍の知識について副島を頼ったためである（『保古飛呂比』四巻、明治三年年四月）。副島は、大久保と協力して諸藩への統制強化を目論む「藩制」の原案起草にも携わった。この頃、木戸と大久保は大蔵省と民部省の合併をめぐって見解を異にしており、「長州方」「薩州方」に分かれた佐賀藩出身者は政治集団化していなかった。

　そうしたなかで、江藤は明治三年十月頃から大久保と急速に接近する。これは、大久保が主導する官制改革に江藤を引き入れたためであった。大久保と江藤は、ともに太政官の権限強化では考えを一致させており、大久保が江藤の考えに触れたきっかけは、同年八月に岩倉具視が「建国策」起草した際のことである。「建国策」は全十一条からなり、諸藩の権力に対抗できる政府権力の確立を目指して、税制改正、国家予算の公開、郡県制の徹底、家禄制度改革、職業選択と居住地移転の自由、知藩事朝集《ちょうしゅう》制の廃止、藩名廃止、民政・財政・軍事・司法・教育を明治政府が直接管轄するとした。これは、府県藩の制度を統一し、中央集権的な国家を創出する試みであった。ただし、諸藩統制にまで踏み込んだ「建国策」は、あまりに急進的であり、山口藩や鹿児島藩など、有力藩までもが政府批判を表明する当時の政局においては公表が憚られたため、採用は見送られた。

「建国策」起草のなかで、岩倉は政府の意見を集約させるため、大久保利通・木戸孝允・広沢真臣・副島種臣・江藤新平に改革意見書の提出を求めた。江藤が提出した「建国体云々江藤胤雄議」（国立国会図書館憲政資料室所蔵「岩倉具視関係文書」）は、「建国策」には反映されなかったが（菊山一九九三）、九月十六日頃に岩倉から大久保のもとへと送られ、大久保が江藤の構想を知るきっかけとなっている。

なお、「建国体云々江藤胤雄議」も、江藤が起草した他の意見書と同じく、「君主独裁」「国内郡県」という中央集権国家の立場に立ち、府県藩の制度統一を推進しようとする理想論にすぎなかった。木戸や大久保たち政府指導者たちも、江藤同様に府県藩の制度統一を唱えていたが、諸藩の権力を削いだり、協力を得たうえで府県藩の画一化を成し遂げようとしていた。だが、政府権力が充分に確立していないなかで、江藤が唱える改革を断行したとしても、不発に終わることは目に見えていた。

大久保は、政府権力の確立には鹿児島・山口二藩の協力が不可欠と考える一方で、当座の改革として、不要な官員の淘汰や官員月給の減額による支出減額を唱えていた。そして、江藤には「異論」があるとしながらも、官員の淘汰について取り調べを命じる。江藤はすぐさま取り調べをはじめ、閏十月二十六日、「政治制度上申案箇条」を三条実美に提出する。

「政治制度上申案箇条」は、官制改革をふまえた官員淘汰の具体案であった。江藤は、前年に起草した「新政改革等意見書」で弾正台の廃止を唱えていたが、ここでも「刑部・弾正ヲ合テ司法台ヲ置キ、是ヲ一等裁判所トスベキ事」とし、弾正台を刑部省と統合して司法台とすることがはかられた。江藤は、弾正台の刑部省への干渉を問題視しており、弾正台と刑部省の統合は、弾正台廃止を「建国策」で構想された刑部省権限拡大に乗じて処理しようとするものであった。

このほか、民部省や北海道開拓使の廃止、兵部省の改組が含まれ、政府機構全般にわたり、不要な官員の淘汰が提案されたが、結果的には、「政治制度上申案箇条」が提出された後も、廃止が検討された民部省・開拓使・弾正台は残された。「政治制度上申案箇条」は、政府官制・地方官制改革の断行を企図するものであったが、諸藩の同意を得ない限り、政府の独断での制度改革は不可能であった。

国法会議の開催

改革の断行が手探りなまま、明治三年（一八七〇）十一月二十七日、江藤の発案により、天皇親臨のもとで国法会議が開かれた。出席者は右大臣三条実美のほか、参議の木戸孝允や大久保利通たちで、議事は江藤が起草した「国法会議ノ議案」を用いて進行した。

「国法会議ノ議案」は、神田孝平《かんだたかひら》が翻訳したオランダ憲法を参考に起草された、「君主独裁」を政体とし、それ以外は神道・儒学・仏教が教化に関わるとされ、「駅逓《えきてい》の事」「工部の事」が盛り込まれたものの、オランダ憲法の字句を修正した程度であった。オランダでは国王ウィレム二世のもと、一八四八年に君主権を制限する憲法に改正されたばかりで、神田孝平が翻訳したオランダ憲法は、君主権を制限された憲法であった。「君主独裁」を唱える江藤がオランダ憲法が参考としたのは、オランダに政体を近づけようとしたのでなく、憲法を起草して政府官制を確定させようにも、参考となるような諸外国の憲法が、オランダ憲法以外に翻訳されていなかったからであった。

そのため、国法会議ではオランダ憲法とまったく異なる、「君主独裁」による君主政治を基本的な国体と定め、君主権は政治・外交・軍事に及ぶとした。「国法会議ノ議案」から裁判所・議会を置いて、諸藩権力の削減を試みたと思われるが、政府内で改革に合意したところで、諸藩の協力がない限りは改革の実現はかなわないとの認識が政府指導者のあいだで高まってきたことで、国法会議には欠席者が相次ぎ、明治四年一月をもって開催されなくなってしまう。

強力な君主権の確定を背景に、府県藩の制度統一を一気に推し進めようとする江藤の政府構想は、旧来の体制維持をはかる有力藩の反対にあうことは目に見えていた。府県藩の制度統一を成し遂げるには、君主権の強化よりも、まずは有力諸藩の協力を取り付けることが先決と考えた大久保は、国法会議を横目に鹿児島に帰藩して、かつての主君・島津久光の協力を仰ぐことを考えはじめていた。

国法会議の開催を控えた明治三年十一月中旬、大久保の考えを容れた岩倉具視は、勅使として鹿児島・山口両藩に赴くと大久保に伝えた。十一月二十五日、岩倉を鹿児島と山口へ勅使として派遣し、大久保を鹿児島、木戸を山口へ同道させることと決し、十二月十八日に鹿児島に到着した岩倉たちは、藩知事忠義と久光に面会して政府改革の同意を要請する。当初は風邪を理由に上京を渋り続けた久光ではあったが、二十五日に岩倉のもとを訪れ、自身の代理として西郷隆盛《さいごうたかもり》を上京させ、来春までに上京すると約束した。

鹿児島で久光の同意を引き出した岩倉たちは、明治四年一月七日に山口に到着し、毛利敬親からも政府への協力のお墨付きを得た。鹿児島・山口二藩が政府への協力を約束したことで、勅使岩倉は帰京したが、大久保・木戸・西郷は高知藩へ向かった。これは、鹿児島から山口へ向かう途上、西郷が鹿児島・山口・高知三藩の協力が必要と唱えたためであった。西郷の提案とは、三藩の献兵による政府直属軍（御親兵《ごしんぺい》）を創設し、強力な軍事力を背景とした改革断行を期するものである。

一月十九日、高知に到着した大久保たち一行は、高知藩大参事板垣退助・権大参事福岡孝弟と面会し、三藩提携での政府協力打診した。翌日、藩知事山内豊範《やまうちとよのり》の同意が得られ、板垣の上京が決定している。帰京後、大久保たちはただちに御親兵創設に向けて動き出し、二月八日に三条・岩倉・大久保・西郷・木戸・板垣のあいだで再確認された後、わずか五日で薩長土三藩へ献兵の沙汰が下った。

江藤の構想は、「君主独裁」を前提としたが、この当時の政府は、有力諸藩と反政府運動の前に手をこまねいていた。そのため、官制改革以前に、諸藩権力を削るか、諸藩の同意を得て政府権力を確立すること優先課題であった。現実の政局にそぐわない江藤の構想は、政府権力確立に動き始めた政局のなかでは埋没していくしかなかったのだった。

大きく進展した政府主導の改革

大久保利通たちが有力諸藩の協力を引き出したことで、政府主導の改革は大きく前進しようとしていた。軍事面では、鹿児島藩・山口藩・高知藩から親兵をとりたて、政府の軍事力強化に資することとなる。三藩の兵力を取り込んだことで、不穏な動きを見せる反政府運動を牽制する力を手に入れ、政府外に対する安定的な政権運営がもたらされた。しかし、政府内では大久保と木戸孝允の対立が生じ、政府改革は停滞してしまっていた。

明治四年（一八七一）一月、鹿児島から帰京した大久保は、①三藩兵の親兵化、②諸省の不要な官吏を削減して連絡を緊密にすること、③新たな政体規則の制定の三つを政府改革の課題と定めた。大久保の政体規則の骨子とは、江藤の腹案であるところの参議と諸省卿を兼任させ、政府に左大臣・右大臣・准大臣を置くことであった。これは、「全権大臣あり、准大臣ありて、大政をすべ、諸省の卿は入りて参議となり、出でて卿となる」（『保古飛呂比』五巻、明治四年六月二十三日）もので、大臣・准大臣が政務を総覧し、諸省の長官である卿は、政府では参議に代わり立法を担い、行政も担当するとした。その目的は大臣が省卿を統御し、大臣と省卿との力関係を健全化するためのものであった（松尾一九九五）。

これまで政府では、三職（大臣・納言《なごん》・参議）と行政諸省の意向が乖離する傾向がみられており、三職と行政諸省との亀裂は、大久保と木戸の政府構想の違いを背景としていた。あくまで太政官が行政諸省・諸藩を統御することが理想と考える大久保に対し、木戸は大蔵省に権限を集中して諸藩を統御できる強力な政府の創出を唱えていたのである。そうした構想にのっとり、木戸は明治二年八月十一日から三年七月十日にかけて大蔵省と民部省を合併し、徴税・財政を担う大蔵省主導のもとで藩権力の削減に乗り出していた。しかし、大蔵省に権限を集中させることで、太政官が統御困難な巨大官省を誕生させたとして、大久保との構想の違いが明確となっていた。

木戸が考える大蔵省主導の諸藩統制では、かえって政府内に混乱を招くと考える大久保は、行政官省のトップである諸省卿に太政官の一員である参議を兼任させることで、参議の上席にある大臣の統制が働くと考えていた。しかし、木戸は大久保の構想では、諸省卿が行政・立法・議政にわたる広範な権限を握ってしまい、かえって大臣の統制が働かなくなると批判している。木戸は、徴税・財政から諸藩を統制する立場から大蔵省強化には積極的ではあったが、諸省卿の権限がいたずらに強大化することには抑制的であった。そのため、木戸は立法を掌る大納言と参議を一体化し、立法官を強化したうえで、諸省の割拠主義抑制を唱えた。このように、政府改革は構想の違いから、有力諸藩の協力を得ながらも、停滞していた。

ひとまず三藩の協力を得たことで、「君主独裁」とまではいかないまでも、政府権力が強化され、江藤の改革構想に実現の余地が生まれた。大久保は前年に引き続き、制度取調専務の江藤と制度御用掛の後藤象二郎《ごとうしょうじろう》に政体規則の立案を求め、江藤は明治四年二月二十五日に「官制案」を書き終える。この当時、改革の主唱者は大久保と木戸であった。大久保と江藤は、太政官への権限集中という点で見解を一致させており、江藤もまた、太政官を超越しうるような大蔵省の強権化には否定的であった。そこで、木戸に対抗して大蔵省権限の削減を企図して書かれたのが、「官制案」である。

「官制案」では、江藤は現行の六省を改めて、十三省とすることを提案している。つまりは、既存の官省の役割を細分化し、権限の縮小をはかろうとしたのである。十三省は、既存の大蔵省・外務省・宮内省のほか、海軍省・陸軍省・文部省・式部省・工部省・租税省・駅逓省・修理省・戸部《とべ》省を新たに設けるとするもので、陸海軍の強化のほか、文部省・工部省の新設、式部省の復活が唱えられた。

式部省は古代律令制下の官省で、官員の任免を決定し、諸省の官員の勤惰《きんだ》を太政官に報告するために置かれた。陸軍省・海軍省・文部省・式部省というような、明治四年七月の完成改革につながる官省設置や古代官制からの復活が唱えられていたなかで、目を引くのが租税・駅逓・修理・戸部の四省である。

これまで本書では、財政にしぼって大蔵省権限を説明してきたが、大蔵省の職権は広範で、財政・

井上馨　『近世名士写真１』　国立国会図書館デジタルコレクション

造幣《ぞうへい》・営繕・用度《ようど》に及んでいた。また、前年七月まで大蔵省と合併していた民部省は、戸籍・徴税・民政・駅逓・鉱山を管轄していた。これら大蔵省・民部省の権限を個々に独立させ、容易に合併できなくさせるとともに、大蔵省権限の抑制を「官制案」は企図したのである。そして、修理省に「堤防」「営繕」、藩部省に諸藩の監督を管掌させ、大蔵省の権限は「用度　造幣　出納　商部」に限定しようとした。しかし、江藤の「官制案」では行政官省があまりに増えすぎるため、大蔵省の意向にそぐわない政策が提起されるとして、井上馨が反対を表明する（小幡二〇一七）。

　木戸・井上の批判により、政府改革が暗礁に乗り上げると、大久保は木戸を単独の参議とし、他の実力者たちが諸省の卿となって協力する体制を作り上げ、速やかな政府強化の実現へと転じた。しかし、木戸は大久保の改革案との違いと、鹿児島藩出身者に対する疑念から、参議就任を拒否する。困った大久保は三条実美と岩倉具視に木戸の懐柔を依頼したが、木戸は頑として首をたてに振らなかった。

　そこで大久保は、木戸の単独参議案から、少数の実力者により改革を進展させるとし、六月二十三日に西郷隆盛にも参議就任を求め、木戸と西郷を軸に政府改革を進めることを提案した。木戸はなおも拒み続けたが、政権運営の危機を強調する大隈の説得を容れ、六月二十五日に西郷とともに参議に就任した。木戸と西郷のもと、政府は新体制を発足させ、諸省卿・輔の人選作業に入っていく。

廃藩置県を断行する

政府改革が停滞をみる一方、地方制度の統一は、明治四年（一八七一）正月から七月にかけて急速に進展していった。これまで見てきたように、明治政府は府県藩の政治制度統一を企図しながらも、全国的な廃藩までは構想していないばかりか、御親兵創設までは有力諸藩の軍事力に依存すらしていた。それが、木戸・西郷の参議就任の翌月十四日に急転直下、廃藩置県の詔が布告され、二百六十年にわたって存続した藩体制は、一日にしてなくなってしまったのである。

廃藩置県断行を後押しする潮流の一つとなったのは、明治四年正月以降、本格化していった諸藩側からの政府への呼応の動きであった。徳島藩知事蜂須賀茂韶《はちすかもちあき》から藩を廃して州を置き、郡県制を布くとの上表が提出されたことを皮切りに、鳥取藩知事池田慶徳《いけだよしのり》・熊本藩知事細川護久《ほそかわもりひさ》・名古屋藩知事徳川慶勝からも、藩の廃止・藩知事の辞職が相次いで建言・提出された。有力諸藩みずからがこうした建言を提出した背景には、戊辰戦争後から進行していた財政悪化などの藩内事情があった。

有力諸藩からの建言に接した政府は、御前会議を開くなどして、諸藩から提出された建言への対応を評議した。四月二十三日、大納言岩倉具視は右大臣三条実美に徳島藩・名古屋藩などからの建言への対応を迫り、同時に、江藤と大隈に諸藩の考えや今後の政府方針をまとめさせている。岩倉の意向をふまえ、大隈が起草したのが「大藩同心意見書《たいはんどうしんいけんしょ》」であった。これは諸藩の意向を汲み取り、諸藩が懸念していた家臣団の優位性の温存の余地を認めた内容であった。

諸藩の側では、岩倉が藩体制維持に好意的であると受け取り、四月に入ると、高知藩を中心に福井・彦根・熊本・徳島・米沢の諸藩が政府と提携しての政治参加を望むようになっていった。岩倉がこうした改革諸藩の動きを歓迎したのとは対照的に、大久保と木戸は諸藩への警戒を強めていく。両者の考えは、政府が有力諸藩によってゆさぶられることへの反発であり、政府への有力諸藩の過度な介入には批判的であった（松尾一九九五）。

明治四年正月から七月にかけて、有力諸藩の政治参加の動きのほか、西郷・木戸の二頭政治にも軋轢が生じており、政局は混迷の一途をたどっていた。そうしたなか、七月初旬に山県有朋・野村《のむら》靖《やすし》・鳥尾小弥太《とりおこやた》の三名から、廃藩置県の即時断行を求める「書生論《しょせいろん》」が井上馨に提出され、それをきっかけに、政府は廃藩置県へと一挙に舵をきる。七月六日、「書生論」は井上から西郷・木戸・大久保に回覧され、直後に薩長の実力者が賛成した。この後、薩長の実力者により秘密裏に事が進められ、三条・岩倉に廃藩置県断行が伝えられたのは、十二日のことであった。

七月十四日の早朝、参朝した鹿児島藩知事島津忠義・山口藩知事毛利元徳《もとのり》・佐賀藩知事鍋島直大・高知藩知事山内豊範の代理・板垣退助の前で、三条より勅語が読み上げられた。勅語には、四藩の版籍奉還をほめたたえたうえで、廃藩置県の断行を翼賛するよう記してあった。つづいて、正月より廃藩を唱えていた名古屋藩知事徳川慶勝・熊本藩知事細川護久・鳥取藩知事池田慶徳・徳島藩知事蜂須賀茂韶に対し、郡県制の樹立を建議したことを嘉尚した勅語が宣せられ、最後に、在京している五十六名すべての藩知事が呼び出され、「今更《まさ》に藩を廃し県となす」（『太政官日誌』四十五号）とする詔書が、三条によって読み上げられた。

ここに、二百六十年間にわたって存続していた藩体制は、「書生論」の提出をきっかけとした、わずか十日足らずの政府の密議によって解体された。廃藩置県により全国大小二百六十一藩が廃され、三府三百二県が置かれた。そして、諸県には藩知事に代わって、中央より派遣された県令《けんれい》が県行政の責任者となった。

島津久光は表立って廃藩置県を批判し、邸内で花火を打ち上げることで抗議の意を表明したが、すべての藩主が廃藩置県を受け入れた。なお、かつての藩主たちは藩知事の座を失い、士族たちは失職したにも関わらず、反乱が起きなかったのは次の三つの理由による。①藩知事の任免権が天皇にあったこと、②政府が御親兵を持っていたこと、③藩知事と士族の経済的優遇である。

①は、明治二年に宣せられた版籍奉還の詔書ですでに表明されていた。②は、八千人にも及ぶ巨大兵力であり、廃藩置県に不満があったとしても、御親兵を相手に勝利するのは困難との判断が働くことは容易だった。③は、藩知事には華族《かぞく》身分が与えられ、家禄の支給も約束された。また、廃藩によ

り藩士たちの多くは失職したが、政府は士族に当面の秩禄支給を保障していた。そのため、失職したとはいえ、すぐさま士族たちが路頭に迷うことはなく、不平士族《ふへいしぞく》とはならなかったのである。

しかし、これらの反乱が起きなかったのは、あくまで結果論にすぎず、廃藩置県がクーデターと呼ばれる所以は、有力藩主の同意を得ることなく、政府の有力者たちの密議により急転直下断行されたことによる。こうした有力諸藩・出身藩の意向をふまえることなく、薩長の有力者たちが重要な政務に政治判断を加えていることは、有力者たちが藩の利害の代弁者という位置づけを脱し、政府の利害を第一とする維新官僚へと転換していたことも意味した。

廃藩置県の事後処理と大蔵省の強化

廃藩置県の翌日、大臣・納言・参議・諸省卿・大輔が集められ、廃藩置県後の処理が話し合われた。統一的な地方制度の創出を目指した明治政府にとって、廃藩置県による諸藩の直轄県化はスタート地点にすぎなかった。藩体制が解体されたとはいえ、依然として司法制度・税制・学校制度などは、不統一なまま残されており、地方の制度刷新は、明治四年（一八七一）十一月の岩倉使節団派遣後に本格化していく。

また、廃藩置県は停滞していた官制改革にも影響を与えた。廃藩置県当日、新たに大隈重信と板垣退助が参議に登用され、ついで七月二十九日には、木戸の考えに基づき、正院《せいいん》・左院《さいん》・右院《ういん》からなる

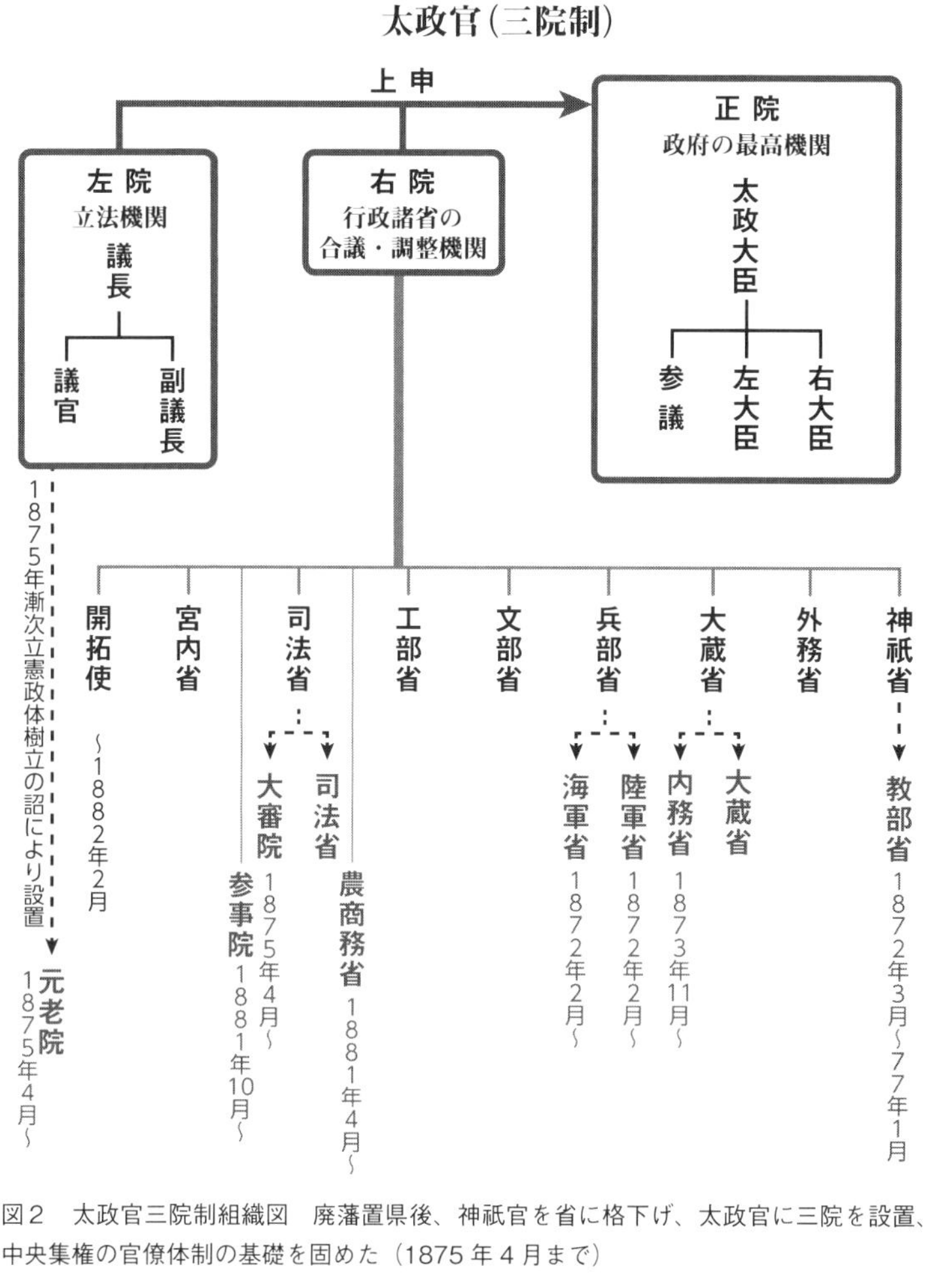

図2　太政官三院制組織図　廃藩置県後、神祇官を省に格下げ、太政官に三院を設置、中央集権の官僚体制の基礎を固めた（1875年4月まで）

官司	長官(かみ)	次官(すけ)	判官(じょう)	主典(さかん)
省	卿	大輔	大丞	大録
		少輔	小丞	少録

図3　省の四等官

太政官三院制が定められた。太政官三院制は、明治八年四月まで存続した官制で、大臣・納言（八月十日廃止）・参議などからなる正院は、天皇の輔弼《ほひつ》と庶政《しょせい》を監督した。左院は議長・副議長のもとに議員と書記を置き、立法を議定した。右院は諸省卿と大輔で構成され、行政上の利害調整をはかる機関とされた。

制度改革は諸省にも及んでおり、七月九日には刑部省・弾正台を統合して司法省、十八日には大学を改組して文部省が創設され、太政官に七省（外務・大蔵・兵部・司法・文部・工部・宮内）が置かれた。後に江藤は、司法卿として近代法制定・司法制度形成に突き進んだが、それは各地で個別の司法・法体系を統一するためであった。近世期には、幕府領こそ「公事方御定書《くじかたおさだめがき》」などの統一的な法を用いた裁判が行われていたが、諸藩では藩ごとに藩法とよばれる独自の刑法を持っており、罰則対象や刑罰体系も異なっていた。こうした多様な法制度を画一化し、法制度上も司法省による集権化をはかることが、司法省創設の目的であった。

薩長の軋轢を超えて成立した制度改革ではあったが、この改革によって強権化した大蔵省をめぐっては、新たな火種がくすぶっていった。廃藩置県後の七月二十七日、全国の租税徴収・地方行政を管轄する民部省が廃止され、再び大蔵省に合併された。これにより、大蔵省は政府財政に加え、地方行財政を一手に担うこととなった。

民部・大蔵両省の再合併を推進したのは、大蔵大輔井上馨であった。井上は、大蔵省が強大化することにより、太政官・諸省・地方官からの干渉を遮るほうが廃藩置県後の国内行政には好都合と判断したためであった（小幡二〇一七）。井上が大蔵省の強権化に積極的な一方で、廃藩置県後に大蔵卿に就任した大久保は、かねてより同省の強権化には反対で、省内の人事・機構改革が井上に掌握されていたことから周囲に辞意を漏らしていた。井上は、大久保に大蔵卿留任を強く促すことで、大蔵省に批判的な大久保を取り込もうとした。ひとまず井上は、大久保の大蔵省人事案と機構改革を受け入れると約束し、大久保を大蔵卿につなぎとめた。

しかし、この約束は短期のうちに井上により反故とされてしまう。大久保が大蔵省に引き入れた官員が短期間で罷免された一方、大久保が排除した渋沢栄一はわずか数週で大蔵大丞に復帰・昇格したのである。大蔵省の実権は、井上の掌握するところであった。

廃藩置県後、地方行政・財政を掌握した大蔵省は、再び国政全般に影響を及ぼすようになった。しかし、大蔵省の強権化は政府内の混乱を招き、太政官制改革が再び実行される要因となっていく。

学問観と文教政策の立て直し

廃藩置県から四日後の七月十八日、江藤は同日に創設された文部省に大輔として転任した。江藤が文部大輔に就任した当時、文部卿は空席であり、江藤が事実上の責任者であった。創設当初の文部省もまた、諸省と同様に廃藩置県後の統一的地方制度創出が求められていた。明治五年（一八七二）に「学制」が制定され、小学校・中学校・大学校からなる統一的な教育課程が置かれるまで、藩校・私塾・寺子屋が教育を担っていたが、教育内容もそれぞれ異なっており、こうした教育の差異を解消するためには、統一的な教育課程の確立が急務だった。しかし、教育制度を画一化しようにも、教育の中心に据えるべき学問が定まっておらず、学者間の対立が文部省にも影を落としていた。

文部省の前身である大学は、明治二年八月五日の開学当初から、儒学者と国学者の対立が生じていた。これを収めることを目的に、同年十二月十七日、政府は従来の大学を本校とし、開成《かいせい》学校を大学南校、医学校を大学東校と改組したが、改組に反対する本校教員たちは、結束して政府批判を展開する。明治三年七月、本校の強硬な反対に直面した大学別当(大学の長官)松平春嶽は辞表を提出した。こうした大学の混乱に対し、政府は明治三年七月十三日付で大学本校の閉鎖、翌十四日には別当以下の主要官員とすべての国学教員・儒学教員の罷免を決定する。その後、大学南校・東校は存続したが、文教行政を管轄する官省は置かれなかった。

文教行政の空白を問題としたのは、学校権判事加藤弘之《かとうひろゆき》であった。加藤は福澤諭吉《ふくざわゆきち》とともに明六社《めいろくしゃ》の一員として知られ、のちに東京大学初代総長をつとめる。彼は出石《いずし》藩出身であったが、幕末期に江戸で洋学を学び、幕府の蕃書調所《ばんしょしらべどころ》に登用された洋学者であった。

加藤は、東大総長就任後の講演のなかで、明治初年の大学・文部省を次のように回想している。

本校と云ふものはまるで潰ぶれて、喧嘩の為に潰れて仕舞ったのであります。(中略)政府でも一寸手の着け方に困った。（中略）木戸孝允と云ふ人に私は話したのである。文部省の事はどうなるのであるか（中略）、どう云ふ人を出したら宜からうという向うからの相談である。（中略）江藤が宜いであらうということを私が言ったら、それは宜いだろうと言はれた。（中略）其翌日江藤新平というものが文部大輔というものになつた。（「学制以前の大学に就いて」）

加藤によると、本校閉鎖後の大学や文教行政の立て直しを木戸と相談した結果、文部省の責任者に江藤を据えることに決した。さらに加藤によると、江藤は従来の学問体系について、「学問を国で別けるということは間違った事と思ふ。学科というものは国別で別けるということはおかしい。これを一つ打壊はすということにしなければいかぬ」（「学制以前の大学に就いて」）との持論を開陳していた。

加藤弘之　『近世名士写真２』　国立国会図書館デジタルコレクション

江藤のこの考えは、儒学・国学の排斥ではなく、従来の学問の再編を唱えるものであった。近世において幕府の教学とされた儒学は、五倫《ごりん》（仁《じん》義《ぎ》忠《ちゅう》孝《こう》礼《れい》）に立脚した統治規範を形づくる学問とされ、基本的には統治者である武士以外の身分が学ぶものではなかった。こうした儒学の位置づけは、近代の到来とともに変質する傾向にあり、江藤も次のように論じている。

惟神道《かんながらのみち》ヲ以、大ニ貫クコト当然ト雖《いえど》モ前ニ陳スル如ク、耶蘇教後ニ迫ルノ時ニ当テ、我人民ヲ化育スルコト急ニ及ブアタワザルナリ。ヨッテ儒仏ト力ヲ併セ以テ、我人民ヲ教導シ、善ヲ奨メ悪ヲ戒メ、心ヲ正クシ意ヲ誠ニセシメテ人ノ人タルベキ道ヲ行カシム。（「教部云々ノ議」）

儒学と仏教をもってキリスト教を信仰しないよう民衆を教化するとされ、儒学にはキリスト教の防波堤としての役割を想定していた。開国以来、国際化した日本ではキリスト教の進出は不可避であり、「頗《すこぶ》ル耶《や》蘇《そ》宗《しゅう》嫌ヒ」（『保古飛呂比』四巻、明治三年四月十八日）な江藤は、キリスト教が広まらないよう民衆の信念体系を確立するため、近世を通した民衆教化の実績がある儒学と仏教に期待をかけたのである。明治政府発足当初こそ、キリスト教禁制は開明派官僚からも重視されていたが、次第に「失敗の一事」（『大隈伯昔日譚』）と認識されていった。しかし、明治政府の指導者たちの多くが国家神道・神道国教化と距離をとるなか、江藤は一貫して国家神道を唱え、外来宗教であるキリスト教排斥の立場を保持し続けていた。

さらに、日本の国力が欧米諸国と肩を並べたあかつきには、「仏ヲ廃シ、儒ヲ廃シ、海内（国内）人皆神道一方ニ奉崇スルコトニナス」（「国の基本法について岩倉公の下問に対する答申書」）とすらしており、万国並立が達成され、神道に立脚した日本の優位性が証明されてしまえば、儒学・仏教は不必要であった。なお、幕末以降、儒学の徳目は、古代の日本人ならば普遍的に備えていたと国学者によって説かれたこともあり、儒学は国学の教義にとり込まれていた。

江藤が国学に立脚した政体を前提としていたことから、西洋を模範に文教行政を展開しようとする加藤の考えとは、水と油のように思える。しかし、江藤のもとで文教行政は洋学に立脚することに決する。国学に立脚しながらも、洋学を受け入れたのは、江藤は洋学の受容自体は認めながらも、キリスト教の教義が広まらないよう、洋学の内容を取捨選択しようとしていたからだった（大庭二〇一二）。江藤にとっては、学問とは国家神道の補完的機能を果たせればよく、学問体系は大した意味を持たないと考えられていた。また、洋学に文教行政を一本化することに決したのは、神道を文教行政から切り離したことも背景にあった。この当時の官制には、神祇官を改組した神祇省が置かれていた。本来、神道とその有用性を教義とする国学は神祇省管轄とされるべきであり、こうした認識に基づいて、江藤は神祇官のもとに道学校を置き、国学・神道教育を存続させようとしていた。つまり、神祇官と文部省で管轄する学問を分けるとするのが江藤の考えであった。

結果的に文教政策が洋学に一本化されたことにより、文部省では洋学者たちの力が必要となり、加藤のほか、町田久成《まちだひさなり》（のちに帝国博物館長）・岩佐純《いわさじゅん》（のちに明治天皇の侍医《じい》）・佐藤尚中《さとうたかなか》（のちに順天堂医院創立者）・辻新次《つじしんじ》（のちに文部次官）ら洋学者たちが採用され、頭角を現していく。

左院への転出と議会構想

文教政策を洋学に一本化した江藤は、文部大輔在任わずか十七日で左院一等議官に転任した（六日後に副議長に昇格）。江藤が就いた一等議官は、左院議長に次ぐ立場であったが、江藤の着任当初はまだ議長は未定であったため、江藤によって議長・議官の人選が進められた。江藤は議長に工部大輔後藤象二郎を推したが、議官の人選には苦心したようで、「人事案」には伊地知正治《まさはる》や福岡孝弟と並んで、慶應義塾創立者である福澤諭吉の名前も見える。

江藤が福澤を推したのも、欧米諸国を歴訪して「西洋事情《せいようじじょう》」を著した福澤を左院に迎えることで、立法府である左院の機能を確立させるためであろう。また、江藤は左院の組織と職権の範囲を法的に定める「章程《しょうてい》」の原案も起草した。江藤の左院構想は左院内に議院を設けるというものであり、議院は二院制で、皇族・華族から選出した上院と士族・平民が選んだ地方議会議員からなる下院で構成され、上院は刑法と裁判法の制定、下院は国家財政を審議するとした。立法機能を上下院に集約する一方で、左院の役割は上下院の議事取り纏めと行政府との連絡とされ、左院議官は上下院より選出し、左院議官が上下院議長を担うとされた（毛利二〇〇二）。

日本における議会構想は、諸大名を議員とする公議政体論を津田真道《つだまみち》たちが幕末から唱えていたが、社会のあらゆる階層を巻き込んだ議会構想は、明治七年一月に板垣退助や江藤たちが左院に提出した「民撰議院設立建白書《みんせんぎいんせつりつけんぱくしょ》」によって本格化していく。江藤が「民撰議院設立建白書」に関与したことから、江藤の左院構想をさして西洋化政策の一環とする見解があるが、江藤が西洋主義者でない以上、左院構想を西洋化政策の範疇《はんちゅう》で捉えるには、いま一度の検討が必要であろう。

上下院構想は、江藤が明治三年に起草した「官制案」にも見られるが、上下院は太政官の一部局とされ、太政官が立法・行政・司法を総攬するとされていた。江藤の議会構想は、太政官に強力な権限を付与することで、反政府運動や行政諸省への優位性を確保するねらいで唱えられたため、三権が完全に独立し、相互に牽制する西洋的な三権分立とは異なっていた（島二〇〇九）。

明治四年七月に定められた太政官三院制でも、正院が左右両院を統御するとされ、三権分立構想とはいえなかった。ただし、太政官三院制は正院に強い権限を集約させるための制度であったが、正院構成員と諸省卿は分任とされたため、正院と行政諸省との関係は希薄であり、正院は充分な指導力を発揮することができなかった。

そうしたなかで、江藤の左院構想は上下院を通して財政・法律制定に関与し、大蔵省や司法省をはじめとした諸省権限の削減にも踏み込んでいた。「左院章程案」では、司法省に対し「法令の当否を監視」し、外務省には諸外国との条約締結にも立ち会うとされたほか、大蔵省には議官を必要に応じて「諸省および各地方に派遣」して行政に干渉するとされた。司法・行政・外交に及ぶ広範な権限を左院に集約させようとしたのは、諸省の統御が充分にできない正院の機能を補完するためであろう。とりわけ、財政・地方行政への関与・干渉を企図したように、江藤の左院構想は、大蔵省の強権化を防ぐねらいがあったと考えられる。

しかし、江藤の左院構想は、左院の強権化を前提としたため、正院権限の保全と諸省との対立を回避する必要から棄却された。強権化には失敗したが、設立当初の通り、左院は立法機関としての位置づけは保っていた。的野半助『江藤南白』によると、左院では解放令や華士族の職業選択などが審議されたようである。さらに、明治五年三月より司法省と連携して、司法少輔宍戸璣《ししどたまき》と左院中議官細川潤次郎《じゅんじろう》の発案により、欧米諸国の法典調査を協議したが（大庭二〇一三、二〇一七）、左院の事務が立て込んだことで次第に停滞していった。

「立国憲議」への批判

司法省との協議に代わって左院議事の中核となったのは、明治五年（一八七二）四月三日に米沢藩出身の左院少議官宮島誠一郎《みやじませいいちろう》が、左院議長後藤象二郎に提出した「立国憲議《りっこくけんぎ》」であった。「立国憲議」は憲法制定と下議院設立を求める意見書で、梅森直之氏によると、どのような憲法を制定するかよりも、憲法の形式は問わずに「立国憲議」をきっかけとして憲法起草に着手することを訴え、戊辰戦争で朝敵とされた諸藩にも開かれた政体を構想するものであった（梅森二〇〇四）。

江藤は、「立国憲議」について「国体論ノ如キモノニアラズ。即チ仏国ノ五法ニ過ギズ」（「国憲編纂起原」）として、国体にまで踏み込んだものでなく、ナポレオン諸法典と同様に民法・商法・刑法・民事訴訟法・刑事訴訟法の制定にすぎないとの認識であった。宮島と江藤の二人の考える「国憲」に決定的な違いがあったことは、これまで多くの研究者が指摘してきたところである。

かねてより、江藤は憲法にあたる「国法」を「根本律法、経綸律法、刑法、治罪法、租税法、雑法」（「国法私議」）からなるとした。この分類は、オランダの法学者フィッセリングが著した『泰西国法論』の受け売りであったが、江藤は根本律法を「古来国家ノ習俗」に立脚した法典と解釈しており、「古来固有の国体」が近年では不適切となっていると主張する宮島とは、根本的に政体のあり方が百八十度違っていた。江藤にとって、「立国憲議」は到底受け入れられなかったようで、「其性質帝王自家ノ憲法ニ非ズ」（「国憲編纂起原」）と強く批判したのであった。

江藤と宮島の憲法観の違いは、政体のあり方に直結する問題であり、容易に解決するものではなかった。さらに、議長の後藤も江藤と立場を同じくしており、「立国憲議」には否定的であった。この対立は、江藤が四月二十五日をもって司法卿に転じたことで幕引きとなったとの見解がある（島二〇〇九）が、国家の根幹をなす政体をめぐる対立が、江藤の転出だけで収まるとは考えがたい。むしろ、対立の溝が埋まらなかったと考えるほうが適切であろう。

「立国憲議」は、五月十三日に大久保利通に示された後、十四日に正院に進達されたことに加え、宮島は左院議官就任からのもう一つの持論である下議院設立の可否を正院に上申するよう後藤に迫り、さらなる攻勢をかけ、翌日には左院議長と副議長の名義で、「下議院ヲ設クルノ議」を提出させた。友田昌宏氏によると、江藤・後藤との対立が埋まらないことから、宮島は憲法制定から下議院設立に議論を絞ったとされるが（友田二〇一二）、わずか一日のうちに宮島の考えが変わるとも考えにくい。この後、江藤も憲法制定を語ることがなかったため、宮島と江藤との憲法をめぐる対立がどのように収束したのかは定かでない。

宗教観と政治思想

明治五年(一八七二)三月十四日、左院副議長の職にありながら、江藤は教部省御用掛との兼務を命じられた。教部省は、江藤が兼務を命じられた当日に設立された新設の官省であり、前身は明治四年八月に神祇官から改組された神祇省であった。神祇官から神祇省へと格下げされたのは、神祇官の実態が「昼寝官《ひるねかん》」「因循官《いんじゅんかん》」と称されるほど、宣教の実績をあげられなかったからだった。神祇官から神祇省へと変わるなかで、常世長胤たち祭政一致を原理的に唱える平田派国学者が斥けられ、時流に適した国家神道を唱える福羽美静たち津和野派国学者が神祇省の主流となると、祭政一致は形式的となりつつあった。

神祇省が神社祭祀・皇室祭祀へと傾斜を強めつつあるなか、教部省設立を求めたのは、浄土真宗西本願寺派の僧侶・島地黙雷《しまじもくらい》であった。島地は、キリスト教禁制維持の立場から、神道と仏教合同で国民教化にあたるとし、神道だけを宣教する神祇省を廃して、仏教も加えた教部省創設を提案した。島地たち僧侶がこうした提案をしたのは、民衆教化に果たした歴史的役割を強調し、廃仏毀釈《はいぶつきしゃく》で被った損失を補填するねらいがあった(安丸一九七九)。キリスト教禁制に限っていえば、島地は江藤と共通する立場だったのである。

しかし、教部省はキリスト教禁制を目的に、津和野派国学者・仏教僧侶など立場を異にする人材を引き入れて成立したため、行き詰まることは目に見えていた。教部省では、四月二十五日に十四等級の教導職を設けて、神道・仏教双方から任じ、民衆教化にあたらせるとした。民衆教化には説教が用いられたが、異なる宗教である神道と仏教を大教宣布のもとで体系化するためには、統一の教義が必要であった。そこで、宗教上の多様性を克服し、大教宣布の実績をあげるため、明治五年四月二十八日、「三条の教則」が教部省内に示される。

一、敬神愛国ノ旨ヲ体スベキ事、

一、天理人道ヲ明ニスベキ事、

一、皇上ヲ奉戴シ、朝旨ヲ遵守スベキ事、

これは江藤の起草によるもので、神官・僧侶の区別なく、説法を通して民衆教化を施すための教則であった。「三条の教則」によって神仏両教の違いをふまえつつ、国家神道につながる敬神を唱えながら、愛国・天理人道・朝旨《ちょうし》（朝廷の意向）を国民教化の内容に据えたことで、仏教僧侶でも講じることができる一般的な規範を創り出そうとした。しかし、仏教各宗の宗義との関連のもとで「三条の教則」を民衆に説くことは難しく、次第に「三条の教則」は形式的なものへと転じていった。さらに、教部省設立の提唱者であったはずの島地は、岩倉使節団に随行し、キリスト教に触れていくなかで、次第に明治政府の祭政一致や「三条の教則」を批判するようになった。結局のところ、教部省は明治十年一月に内務省社寺局に改組され、大教宣布の役目を終える。

島地たち浄土真宗僧侶の意向を反映して、神仏共同での大教宣布を唱えたように、江藤は、神道に立脚した天皇制国家を堅持することが目的であった。取捨選択のうえとはいえ、洋学の受容は認めても、キリスト教の禁制をいつまでも主張し続けたのは、キリスト教が日本社会に定着することで、宗教上の統制が乱れ、「多端の内に共和政治の論」が起こることを懸念していたためである（「教部云々之議」）。江藤は、国民の意思に基づく「共和政治を唱ふる者は、之を論ずるに国賊」とまで断じていた。天皇の権威に国民が干渉することにつながる共和政治の台頭は、断じて許せないというのが江藤の考えだったのである。

江藤は、「耶蘇ヲイツ迄モ禁止論ニテ、頗《すこぶ》ル激烈ナル議論ニテ、タトイ日本全国焼土トナルモ、決シテ解禁シカルベカラズ」との立場をとっていた。キリスト教への警戒心は、些末なことにも向けられており、洋服の着用もキリスト教の広まりにつながるとまで批判していた。

キリスト教は、近世を通じて日本では禁教とされたため、キリスト教やキリシタンは実態を伴わないさまざまなイメージで語られ、時として妖術使いとも考えられていた。江藤がキリスト教に抱いていたイメージも、神道・天皇制の維持を強く唱える立場からの誤解から生まれたものであることはいうまでもない。しかし、キリスト教に対する誤解こそ、江藤が西洋主義者でないことの証明といえよう。

第四章　留守政府の政情

国内改革のきっかけ

江藤が左院副議長となって三ヶ月後の明治四年（一八七一）十一月十二日、外務卿岩倉具視・大蔵卿大久保利通・参議木戸孝允・工部卿伊藤博文を中心とした岩倉使節団が横浜を出航した。使節団派遣の目的は、幕末に結んだ不平等条約の改正交渉であった。条約締結から十七年後の明治五年末から一年前の通告をもって日本は条約改正に入れることになっており、岩倉使節団の面々はその事前交渉にあたるとされた。使節団派遣にともない、国内の政務を担ったのが留守政府である。留守政府の主要なメンバーは、太政大臣三条実美・参議西郷隆盛・同大隈重信・同板垣退助たちであった。

なお、明治五年四月二十五日に司法卿となった江藤にも、就任五日後に欧州視察出張の命が下り、岩倉使節団の後を追う予定であったが、三条の引き留めにあい、洋行を断念していた。江藤に代わって欧州使節に派遣されたのは、司法少丞河野《こうの》敏鎌《とがま》たち八名であった。彼らはフランスで法制度を視察し、のちに民法・刑法草案の起草に携わるフランス人法学者ボアソナードを司法省法律顧問にスカウトしている。この頃、ボアソナードはパリ大学で教鞭をとったが、厳格な性格が周囲に疎まれ、出世できなかった。

改めて話を使節団出発直前に戻すが、出発直前の十一月九日、使節団と留守政府のあいだで「約定書」が締結される。これは、使節団と留守政府の活動を定めた取り決めである。その第六条には、「内地ノ事務ハ大使帰国ノ上、大ニ改正」するので、帰国までは「ナルダケ新規ノ改革」は断行しないことが記されている。廃藩置県を断行したにも関わらず、地方制度の画一化に向けた新規改革を停止しては、廃藩置県の意味が失われそうではあるが、これは井上馨大蔵大輔の要請により交わされた約束であった。

廃藩置県後、新規改革の機運が高まっていることを見越した井上は、非計画的な改革により財政支出が膨らむことを避けるようとしていた。しかし、明治五年八月に学制、翌年一月に徴兵令、七月に地租改正が布告されたように、「約定書」は明治五年には反故《ほご》にされていた。留守政府が「約定書」を反故としたのは、事前交渉に留めるとしながらも本交渉に乗り出した岩倉使節団の独断行動に対する反感からであった。

明治四年十二月六日、サンフランシスコに到着した使節団は、アメリカで五ヶ月にも及ぶ長い滞留を余儀なくされる。滞米が長期化した原因は、留学経験のある伊藤博文の暴走にあった。到着早々、アメリカからの過剰な歓待に気をよくした伊藤は、条約改正の本交渉を行うことを岩倉と大久保に提案した。明治五年一月二十一日にワシントンに到着した使節団一行は、二月三日から国務長官ハミルトン＝フィッシュとの会談に臨んだ。

会談の席上、使節団は伊藤の提案に沿って、実質的な条約交渉にはいることをフィッシュに提案したが、国書には条約改正交渉の権限を使節団に与えていないとの記載があると返答された。ただし、翌年にアメリカでは大統領選と上院改選を控えているため、事前交渉での約束は反故とされる可能性があると伝えられ、フィッシュから正式な条約改正交渉を持ちかけられた。フィッシュからの提案に動揺した使節団の面々は、同日中に全権委任状を得るため、「使節団中より一応帰朝」することとした。全権委任状の取得は、二月五日の会見でフィッシュに伝えられ、承諾された。なお、この会談のなかで、使節団一行はフィッシュから最恵国《さいけいこく》条項について念を押されたにも関わらず、それに気づかずに条約改正交渉を企図していた。

三月二十四日、急遽帰国した大久保と伊藤は、外務省に全権委任状の交付をかけ合うが、外務卿副島種臣と外務大輔寺島宗則《てらしまむねのり》の抵抗にあう。副島たちの考えは、最恵国条項がある以上、アメリカと単独交渉したところで無意味であるとするものであった。結果、副島たちが折れるかたちで大久保と伊藤は全権委任状を取得し、六月十七日、ワシントンへ戻った。しかし、この頃には使節団において条約改正交渉を不可とする考えが広まっていた。これは、帰国途中の駐日ドイツ公使フォン＝ブラントが木戸と会談し、最恵国待遇の存在を説明したからであった。

条約改正交渉は、六月十七日に使節団からフィッシュに中止が伝えられた。結果、大久保と伊藤の帰国は空振りに終わり、五ヶ月にわたりアメリカにいたずらに滞留することになった。そればかりか、

佐佐木高行　『近世名士写真1』　国立国会図書館デジタルコレクション

使節団の独断的な違約は、留守政府の反感を買うことになり、井上の希望した「新規改革の停止」の約束は諸省によって破棄されていった。

江藤就任前の司法省の実情

使節団の違約をきっかけに、諸改革が留守政府ではじまっていく。司法省でも、明治五年（一八七二）四月二十五日に司法卿に着任した江藤のもと、二十ヶ所の府県裁判所を設けるとともに、近代法起草の先鞭をつけた。これまでは、法制度の確立について江藤の指導性が高く評価されてきたが、本書では、なぜ江藤の司法卿在任期に、飛躍的に諸府県への裁判所設立が進展したのかという視点に即して考えたい。そのためには、まず江藤が就任する前の司法省の状況から見ていく。

明治四年七月九日に創設された司法省は、卿を空席とし、事実上の長官である大輔に佐佐木高行《ささきたかゆき》が任命された。いわば、佐佐木は江藤の前任者である。佐佐木は、戦後に神社本庁の顧問や國學院大學学長を務めた佐佐木行忠《ゆきただ》の祖父にあたる。

この頃、日本の司法制度はまだ確立されておらず、江戸時代の名残をそのままに、地方の統治者たちによって運用されていた。つまり、まだ行政権から司法権が独立していなかった。裁判所は明治四年十二月に東京府にだけ置かれたが、東京以外のすべての府県では、依然として司法権の独立は未達成のままであった。さらに、廃藩置県を経て、全国の地方行政は大蔵省の管轄下に組み込まれており、裁判所の設置は司法権を独立させる反面、大蔵省権限の削減につながる厄介な面もあった。

裁判所の設置とともに、もう一つ法制上の課題となっていたのが、近代法の制定であった。近代法とは、一般的に契約の自由や財産権の保障を通して個人主義・自由主義を確立させ、近代的市民社会を実現するための法秩序である。この頃の明治政府の指導者たちが、こうした近代法の理念までも充分に理解していたかは疑問が残るが、現実問題として、欧米諸国にはあるはずの憲法・民法・商法・刑事訴訟法・民事訴訟法といった近代法は、まだ日本にはなかった。

近代法の不備は、契約権・財産権といった個人の権利を国家が充分に保障できないという問題にとどまらず、民事訴訟判決の不統一や不当な起訴につながる大問題であった。そのため、佐佐木は司法大輔となった直後より、

司法ト相成候ヨリ、全国ニ裁判所ヲ置キ裁判権ヲ一ニ帰スル事当然ナレドモ、当時ノ光景ニテハ、百事一時ニ施行、急シク、ヨツテ、急務ハ、法律諸規則ヲ編成ニ力ヲ尽シ、諸裁判所ハ、マズ東京ダケハ司法省へ取纏メ、追々ニ府五港ニ及ビ候様致スベシ、シカシナガラ法律家モコレ無ク、法律モ先コレ無キ位ノ事ナレハ、一朝一夕ニハ行ハレ申スマジク（『保古飛呂比』五巻、明治四年

七月十二日)。

とあるように、司法省は法典編纂を最優先とし、諸府県への裁判所設置は二の次とした。佐佐木の意向は、司法省創設の翌月には正院に進達され、許可を得ている。司法省の前身である刑部省で、「新律綱領」編纂に携わった経験のある佐佐木ではあったが、司法大輔となってからは、西洋法に立脚した法律の起草を説くようになっていた。後に佐佐木は、明治天皇の侍講であった儒学者元田《もとだ》永孚《ながざね》とともに、天皇親政運動を展開して伊藤博文と対立したばかりか、「保守主義の父」として知られるイギリスの政治学者エドマンド＝バークを高く評価するなど、一般的には保守的思想の持ち主と考えられている。保守主義の立場にかかわらず、佐佐木が西洋法に立脚したのは、法典編纂事業が明治政府の一大事業である条約改正交渉と関係するからだった。

幕末に欧米諸国とのあいだに結ばれた安政の五か国条約は、関税自主権の欠如と領事裁判権の適用を盛り込んでいた。領事裁判権とは、滞在中の外国人が本国領事の裁判を受ける権利を保障するものであり、欧米諸国が異なる法体系を持つ国々と条約を結ぶ際には、必ず規定していた。これは、異なる刑罰体系を持つ国に滞在する自国民に有罪判決をくだされた場合に、不当な刑罰を科されないよう保護するための手段であった。法体系の違いに由来した領事裁判権を撤廃するには、欧米諸国と同じ法体系を整備することが求められた。条約改正のためには、近代法制定は絶対条件であったため、「約定書」が結ばれた後も、法典編纂事業は例外的に継続が黙認されていたのである。

法典編纂は、主唱者の佐佐木が明治四年十一月に使節団に随行して不在となってからも進められ、左院との協議の停滞を経て、司法省の専管事業となった。法典編纂事業が一元化されたこともあり、翌年の条約改正交渉に備えて、司法省には編纂の方針を定める必要が生じ、明治五年三月にフランス法を参考にして諸法典を起草することを表明した「日本《にほん》法律《ほうりつ》創定《そうてい》之《の》事業《じぎょう》」が定められた。

ここで、フランス法（ナポレオン諸法典）が法典編纂の参考とされたのは、同法典がナポレオンの征服戦争（一七九六〜一八一五）によりヨーロッパ全土へ広がり、諸国の法律に反映されたからであった。多くの国が参考としたことから、フランス法に立脚することで、領事裁判権撤廃に際して、諸外国の同意を得やすいと考えられたためと思われる。

また、フランス刑法・民法はすでに明治三年には箕作麟祥らによって翻訳されており、翌年に条約改正交渉を控える切迫した状況のなかでは、翻訳済みの法を参考にしたほうが、効率的に法典編纂が進展するとの判断も加わったと考えられる。この当時は、現代ほど外国語に精通した人材もいないうえ、日本に存在しない欧米諸国の概念（自由・権利・平等）を検討し、造語する必要もあり、翻訳には相当な時間と事務量を費やすことは想像にかたくなかった。

このように、江藤が就任する以前から、西洋法に立脚した法制度設計が司法省で始まっていた。

司法卿への就任と裁判所の新設

そもそも、江藤が司法卿に着任するまで、司法省では法典編纂が優先され、諸府県への裁判所新設は後回しとされていた。それが、江藤の司法卿就任をきっかけに二十ヶ所の府県裁判所が設けられた。裁判所の新設にも比重が傾けられるようになったのは、江藤を司法卿に推薦した司法省官員たちの主張が反映されていたためである。佐佐木が岩倉使節団に随行して司法省を不在とすると、法典編纂事業を優先する佐佐木の方針に対する不満が噴出していた。司法省では卿が空席とされたこともあり、佐佐木の方針を否定しうるような人材を卿に迎えて、佐佐木の方針を覆す動きが生じていたのである。

結果として、江藤が明治五年（一八七二）四月二十四日に司法卿に就任し、佐佐木と宍戸は更迭されたが、司法卿の人事をめぐっては、左院大議官伊地知正治や参議大隈重信が取りざたされていた（『維新史の片鱗』）。しかし、司法省内より大解《おおいのとき》部《べ》島本仲道《しまもとなかみち》と中判事河野敏鎌が、江藤を司法卿に据えるよう求めたため、司法卿は江藤に決したようである（『保古飛呂比』五巻、明治五年四月二十七日）。

江藤就任の決め手となったのは、裁判所構想の有無であろう。大隈は、「地方官をして其地方の行政と裁判とを併せ管せしむるよりして生ずる弊患は、決して少小にあらず」（『大隈伯昔日譚』）との考えをもっていた。伊地知は神道国教化を主張するという点では、江藤との共通点を見出せるが、その法思想は不明である。この二人に比べると、江藤は早期から司法制度の形成を容認する立場をとっており、明治三年頃から「司法台」なる官省を設け、各地に裁判所を置くことを唱えていた。

ただし、江藤の考える裁判所設置の目的は、司法権の独立にあるのではなく「立法・行法・訴獄ノ権ハ太政官」（「官制案」）として、太政官に組み込まれる性質のもので、太政官の強化であった。諸藩が存在していた廃藩置県までの裁判所設置は、諸藩の司法権を政府が回収し、政府権力を強化するとの観点から唱えられていたが、廃藩置県後の江藤の関心は、民部省を併合して強権化した大蔵省の権限削減に向けられていた。そのため、江藤は地方行政から司法権を独立させることで、地方行政を管轄下に置く大蔵省権限の削減を企図したのである。

なお、江藤の司法卿就任に奔走した島本は、のちに民権家としても知られる人物で、河野は内閣創設後に文部大臣・司法大臣・内務大臣など閣僚を歴任し、佐賀の乱では江藤に死刑判決をくだした裁判官としても知られる。島本は裁判判決の不正を監督、河野は法廷において判決を下す立場であり、両者はともに裁判制度の運用に関わっていたことから、裁判所新設が一向に進まないことを問題視したのであろう。

佐佐木が裁判所を設けないとしたことで、唯一存在していた東京府裁判所には、司法制度不備によるシワ寄せが生じていた。現代日本の司法制度は、基本的人権を保障し、裁判に公正と慎重を期すため、三審制を採用しているが、当時の東京では、府裁判所のみの一審制であった。そのため、基本的人権の保障や公正かつ慎重な裁判以前に、東京府裁判所だけで東京中のあらゆる裁判を執行せねばならず、繁忙を極めていたため、東京府裁判所の下級審設置と諸府県にも裁判所を設けることは急務で

表1　各府県裁判所の設置時期一覧

各府県裁判所（1871年7月～1876年9月）

裁判所名	設置府県	設置時期	廃止時期	設置時の司法省長官	備考
東京裁判所	東京府	1871年12月27日		佐佐木高行	東京府から訴訟事務を司法省が接収し始めたのは1871年8月18日。
東京開市裁判所	東京府	1872年2月3日	1873年2月13日	佐佐木高行・宍戸璣	「外国交渉ノ訴訟ヲ審理セシム」（『司法沿革誌』16頁）。1873年2月13日に東京裁判所に接収。
神奈川裁判所	神奈川県	1872年8月5日		江藤新平	
埼玉裁判所	埼玉県	1872年8月5日			
入間裁判所	入間県（埼玉県）	1872年8月5日	1873年6月24日		1873年6月24日群馬裁判所と合併の上、熊谷裁判所になる。
足柄裁判所	足柄県（神奈川県）	1872年8月12日			
木更津裁判所	木更津県（千葉県）	1872年8月12日			のち千葉裁判所に合併。
新治裁判所	新治県（茨城南部・千葉県北部）	1872年8月12日			1875年6月19日に千葉裁判所管轄の区裁判所に改編。
栃木裁判所	栃木県	1872年8月12日			
茨城裁判所	茨城県	1872年8月12日			
印旛裁判所	印旛県（茨城県）	1872年8月12日			1873年6月24日千葉裁判所に合併。
群馬裁判所	群馬県	1872年8月12日	1873年6月24日		1873年6月24日入間裁判所と合併の上、熊谷裁判所になる。
宇都宮裁判所	宇都宮県（栃木県）	1872年8月12日	1873年6月24日		
兵庫裁判所	兵庫県	1872年9月13日			

山梨裁判所	山梨県	1872年9月19日		江藤新平	
京都裁判所	京都府	1872年10月7日			
大阪裁判所	大阪府	1872年10月20日			
静岡裁判所	静岡県	1872年10月27日			開庁に至らず。
浜松裁判所	静岡県	1872年10月27日			開庁に至らず。
額田裁判所	額田県（愛知県）	1872年10月27日			開庁に至らず。
滋賀裁判所	滋賀県	1872年10月27日			開庁に至らず。
三重裁判所	三重県	1872年10月27日			開庁に至らず。
長崎裁判所	長崎県	1874年1月8日		大木喬任	
函館裁判所	北海道	1874年1月8日			
佐賀裁判所	佐賀県	1874年4月5日			
新潟裁判所	新潟県	1874年12月27日			
福島裁判所	福島県	1874年12月27日			
鹿児島裁判所	鹿児島県	1875年12月13日			
山口裁判所	山口県	1875年12月13日			
高知裁判所	高知県	1875年12月13日			
宮城裁判所	宮城県	1876年3月2日			
鶴岡裁判所	鶴岡県（山形県）	1876年3月9日			

※司法省編『司法沿革誌』（司法省、一九三九年）より作成。大庭裕介「明治初期の政局と裁判所設置構想」（大阪歴史学会編『ヒストリア』二三四号、二〇一二年）より転載。

表２　各区裁判所の設置時期一覧（１８７１年７月～１８７６年９月）

裁判所名	管轄裁判所	設置時期	廃止時期	設置時の司法省長官	備考
大網支庁	木更津裁判所	１８７２年８月12日	１８７３年６月20日	江藤新平	１８７２年９月５日に区裁判所へ改称。廃止は大木司法卿期。
勝浦支庁	木更津裁判所	１８７２年８月12日	１８７３年１月10日		１８７２年９月５日に区裁判所へ改称。
北条支庁	木更津裁判所	１８７２年８月12日	１８７３年８月31日		１８７２年９月５日に区裁判所へ改称。廃止は大木司法卿期。
行田区裁判所	埼玉裁判所	１８７２年８月17日			
粕壁区裁判所	埼玉裁判所	１８７２年８月17日	１８７３年２月24日		
深谷区裁判所	入間裁判所	１８７２年８月17日	１８７４年６月13日		廃止は大木司法卿期。
大宮区裁判所	入間裁判所	１８７２年８月17日			
佐倉区裁判所	印旛裁判所	１８７２年８月23日	１８７３年６月20日		廃止は大木司法卿期。
関宿裁判所	印旛裁判所	１８７２年８月23日	１８７２年９月４日		
韮山区裁判所	足柄裁判所	１８７２年８月25日			
小見川区裁判所	新治裁判所	１８７２年８月31日			
谷村区裁判所	山梨裁判所	１８７２年10月19日	１８７３年４月24日		廃止は大木司法卿期。
西宮区裁判所	兵庫裁判所	１８７２年11月２日	１８７５年３月27日		廃止は大木司法卿期。
淀区裁判所	京都裁判所	１８７２年11月14日			
園部区裁判所	京都裁判所	１８７２年11月14日			
加村区裁判所	千葉裁判所	１８７３年７月22日		福岡孝弟	１８７４年８月に一旦廃止も翌月再設置。
高崎区裁判所	熊谷裁判所	１８７３年７月29日			
渋川区裁判所	熊谷裁判所	１８７３年７月29日			
太田原区裁判所	栃木裁判所	１８７３年９月２日	１８７５年３月31日		
足利区裁判所	栃木裁判所	１８７３年９月２日			

入間区裁判所	熊谷裁判所	1873年9月12日	1873年12月10日	福岡孝弟	廃止の後、川越区裁判所に改称（1874年6月18日）
群馬区裁判所	熊谷裁判所	1873年9月12日	1873年12月10日		高崎区裁判所に合併。
大宮区裁判所	熊谷裁判所	1874年5月30日		大木喬任	
平戸区裁判所	長崎裁判所	1874年7月8日			
福江区裁判所	長崎裁判所	1874年7月8日			
厳原区裁判所	長崎裁判所	1874年7月8日			
佐貫区裁判所	千葉裁判所	1874年9月24日			
唐津区裁判所	佐賀裁判所	1874年10月23日			
長岡支庁	新潟裁判所	1875年5月27日			
水街道支庁	茨城裁判所	1875年7月25日	1875年8月29日		
新発田支庁	新潟裁判所	1875年7月27日			
島原区裁判所	長崎裁判所	1875年8月9日			
東京裁判所第一支庁	東京裁判所	1875年9月8日			1875年12月13日に東京裁判所支庁が改組の上、増設されている。
東京裁判所第二支庁	東京裁判所	1875年9月8日			
東京裁判所第三支庁	東京裁判所	1875年9月8日			
大阪裁判所第一支庁	大阪裁判所	1875年12月10日			
大阪裁判所第二支庁	大阪裁判所	1875年12月10日			
八日市場支庁	千葉裁判所	1875年12月12日			
佐賀区裁判所	佐賀裁判所	1876年3月5日			
武雄区裁判所	佐賀裁判所	1876年3月5日			

※司法省編『司法沿革誌』（司法省、一九三九年）より作成。大庭裕介「明治初期の政局と裁判所設置構想」（大阪歴史学会編『ヒストリア』二三四号、二〇一二年）より転載。

あった。目的は違えども、江藤・司法省官員はともに裁判所の設置を必要とし、司法省は裁判所の設置数を飛躍的に伸ばしていったのである。

江藤着任の翌月には、「司法省ハ全国法憲ヲ司リ、各裁判所ヲ統括ス」（「司法職務定制」〈法務図書館所蔵「教師質問録」初―六編〉」）ることが司法省から表明され、諸府県への裁判所の新設が着手されていった。

「司法省達第四十六号」の布告

江藤の着任をきっかけに、諸府県への裁判所設置は飛躍的な進展を見せ、明治五年（一八七二）八月五日に神奈川・埼玉・入間《いるま》（埼玉県西部）の三県を皮切りに、同月中だけで十一県に裁判所を置き、関東全域の司法権を独立させた。さらに十月七日に京都、二十日に大阪に裁判所を設け、主要都市の司法権を回収した。

こうした急進的な裁判所新設の動きは、大蔵省との対立を招く危険性をはらんでいた。三府の司法権を回収したとはいえ、多くの府県では依然として大蔵省の管轄する地方行政が司法権を掌握していた。そうしたなかで、仮に大蔵省と直接対立してしまっては、裁判所新設の停滞につながり、当初の江藤の目的である大蔵省権限の削減は達成されなくなる。また、裁判所新設の推進は、地方行政の既得権益となっていた司法権を取り上げる行為にほかならず、地方官からの反発も予想された。

そこで、江藤は裁判所新設と大蔵省・地方官との対立を巧妙に回避するねらいから、裁判所新設の意義を強調する手段を講じる。それが、「司法省達第四十六号」の布告である。十一月二十八日に布告された「司法省達第四十六号」は、京都に本店を置いた政商小野組《おのぐみ》が、営業の中心となった東京府への転籍願いを京都府に提出したものの、税収減少を懸念した京都府が拒否したことで、訴訟に発展した小野組転籍事件のきっかけとなったことで知られる。「司法省達第四十六号」は、行政訴訟を容認したことから、これまで多くの研究者によって、人民の行政に対する訴訟権を保障したものと評価され、近代市民社会実現のための重要な布告であると認識されてきた。

しかし、江藤が非西洋的思想に立脚している以上、西洋近代との同質性のみで「司法省達第四十六号」を評価することはできない。少し長くなるが、「司法省達第四十六号」を左に引用したので見ていこう。

一、地方官及ビ其戸長等ニテ太政官ノ御布告及ビ諸省ノ布達ニ悖リ規則ヲ立、或ハ処置ヲナス時ハ各人民華士族卒平民ヲ併セ称スヨリ其地方裁判所へ訴訟シ、又ハ司法省裁判所へ訴訟苦シカラザル事。

一、地方官及ビ其戸長等ニテ各人民ヨリ願伺筋等ニ付、コレヲ壅閉スル時ハ各人民ヨリ其地方裁判所エ訴訟シ、又ハ司法省裁判所へ訴訟苦シカラザル事。

一、各人民此地ヨリ彼地へ移住シ、或ハ此地ヨリ彼地へ往来スルヲ地方官ニテコレヲ抑制スル等人民ノ権利ヲ妨ル時ハ、各人民ヨリ其地方ノ裁判所亦ハ司法省裁判所へ訴訟苦シカラザル事。

一、太政官ノ御布告及ビ諸省ノ布達ヲ地方官ニテ其隣県ノ地方掲示ノ日ヨリ十日ヲ過グルモ、猶延滞布達セザル時ハ、各人民ヨリ其地方ノ裁判所へ訴訟シ亦ハ司法省裁判所エ訴訟苦シカラザル事。

一、太政官ノ御布告及ビ諸省ノ布達ニ付、地方官ニテ誤解等ノ故ヲ以テ、各御布告布達ノ旨ニ悖ル説得書等ヲ頒布スル時ハ、各人民ヨリ其地方裁判所亦ハ司法省裁判所エ訴訟苦シカラザル事。

一、各人民ニテ地方裁判所及ビ地方官ノ裁判ニ服セザル時ハ、司法省裁判所エ訴訟苦シカラザル事。

この通達は、法的に裁判所の意義を強調するもので、地方官との関係を次の三点において政府が監督することを決めていた。

①政府の布告に反する規則を地方官が通達した場合。

②近隣諸県で通達されているにも関わらず、地方官が政府の布告を十日以上にわたって通達しない場合。

③地方官が太政官布告を誤解して通達した場合。

こうした地方官の専横について民衆の訴訟を保障し、民衆から地方官に政府決定の履行を求め、地方官を政府が統制できる仕組みを構築するものであった（大庭二〇一二）。いわば、地方官に対する政府の優位性を確立する法令が「司法省達第四十六号」であった。

また、一部の地方官の専横は大蔵省でも問題視されており、専横の抑制を掲げることで、裁判所に対する大蔵省の批判の緩和をはかったと考えられる。廃藩置県前より全国の府県に赴任していた地方官の専横は、政治問題化していた。たとえば、梅村速水《うめむらはやみ》や前原一誠《まえばらいっせい》などの地方官は、政府の意に反した決定をすることが多く、罷免されるような地方官も少なからずいた。廃藩置県後も、佐賀県や鹿児島県では同地出身の士族が県令となり、一部の県では中央政府の意向がふまえられなかったり、その他の事情により、統治が困難な「難治県《なんちけん》」があらわれはじめていた。

「司法省達第四十六号」は、こうした大蔵省の課題にも寄り添い、裁判所設置の意義を強調していくものであった。しかし、「司法省達第四十六号」布告から、裁判所の新設は停滞していく。これには留守政府の財政が関係していた。

予算増加をめぐる大蔵省との対立

明治五年（一八七二）以降、留守政府により近代化が進展していったが、それは同時に、予算の増加をもたらした。たとえば、文部省では国民皆学の理念のもと、学制が布告されたことにより、全国に小学校・中学校・大学校を設ける必要が生じた。他にも、工部省では灯台や電信の整備が急がれ、司法省では諸府県への裁判所新設が進展した。こうした諸省の近代化政策は、社会インフラの整備という側面もあり、莫大な費用を必要とした。現代では国会で予算が決定されるが、国会のなかったこの当時、予算の査定は大蔵省の権限であった。大蔵省では、井上馨が巨大官省化した大蔵省を自在に操っていたことから、平氏《へいし》の隆盛になぞらえ、井上は「清盛入道《きよもりにゅうどう》」と揶揄されるほどであった。「約定書」の締結を唱えた井上は、留守政府のなかにあってただ一人、改革の凍結を強硬に主張していた。そのため、諸省の予算の査定は厳格で、明治六年予算の編成に際しては、どの行政官省も予算抑制の憂き目にあっていた。そもそも、井上はいたずらに権勢をふるっていたのではなく、明確な国家構想に基づいて諸省予算の減額にかかっていた。その目的は、勧農《かんのう》政策と地租改正《ちそかいせい》を実施し、農工商業奨励を期して地租軽減を断行することで、「富国化《ふこくか》」をはかることにあった（小幡二〇一七）。「富国化」実現のためには、大蔵省の主導権確保は不可欠であり、財政面で諸省を統御し、自らが優位に立つ必要があった。

さらに、明治五年後半に入ると、大蔵省では千二百万円の歳出超過による財政悪化が懸念されていた。この当時の政府財政は不確定で、旧藩歳入の継承率と米価に左右されており、そのうえ、士族に支給されていた家禄の廃止が延期されたことも、深刻な赤字を懸念する材料となった。

財政赤字への対応として、大蔵省では政府予算の節減への同意を正院から得ていた。行政諸省に充分な予算配分がされなかった原因は、政府財政の節減にあった。しかし、新規改革を唱える行政諸省は、大蔵省への反発を強める。とりわけ、司法省は他の行政諸省に比べ、もっとも強硬に反対を表明した。これは、江藤が大蔵省に批判的な立場をとっていたことに加え、六年度予算に二百万円を要求したにもかかわらず、大蔵省の査定額が四十五万円にとどまったことに原因があった。

明治六年一月に同年予算が公表されると、江藤は一月二十四日付で辞表形式の抗議文を正院に提出して、予算の見直しを迫った。本来、諸省間の利害調整の場とされたのは右院であったが、それを飛び越して、正院へと訴えたのは、留守政府と使節団のあいだで取り決めた「約定書」に、正院の許可がないかぎりは右院を開催できないとされたからである。

江藤の辞表によると、大蔵省の査定額では百五十万円余りの不足が生じ、裁判所が置かれていない諸県での司法権独立が進まないばかりか、法制度の運用に支障をきたすとされた。また、法制度の不備により国民の権利保障に差し支え、「各民の位置を正す」ことができず、「国の富強」が達成されないとも唱えていた。この辞表は、「国民の位置」を懸念する文面なので、江藤が民主主義的な法思想に立脚して大蔵省を批判したものと考えられてきたが、本質は逆であり、江藤は予算査定をきっかけに、かねてから抱いていた大蔵省への批判を表明したと捉えるべきである。「国民の位置」を正すとの主張は、裁判所の意義を強調し、予算の増額を働きかける方便であると考えるほうが、適切だろう。

江藤の辞表提出を機に、司法省は大蔵省との対決姿勢を強めていく。江藤の辞表は、裁判所の有用性に基づいて予算増額を唱えたもので、正攻法ではあったが、大局的な視点に立てば、裁判所の新設よりも国家財政の赤字化のほうが深刻な問題であることは、誰が見ても明白であった。そのため、司法省では、江藤の辞表に続いて、司法大輔福岡孝弟が大蔵省権限そのものの削減を正院に求めた。福岡の意見書（「司法大輔福岡孝弟建白国議院民議院ヲ設ケ制法ノ権ヲ立テ其他院省改正ノ議」〈国立公文書館所蔵「公文別録」〉）には、「内務大蔵」の二省に「大蔵省（の権限）ヲ分配」することが企図され、さらに司法権を司法省に一元化すべく、地方行政から司法権の「分界」を求めている。

こうした大蔵省の予算査定への反発は、江藤・福岡だけでなく、司法省全体に共有されており、江藤が辞表提出した翌日には、司法大丞《だいじょう》・司法少丞《しょうじょう》が連名で意見書を提出し、司法権停止の可能性をちらつかせ、正院に仲裁を求めた。

司法省からの相次ぐ反発に接した正院は、当座の資金として三万円を司法省に融通するよう大蔵省にかけあい、事態の鎮静化をはかった。しかし、司法省の不足額は百五十万円であり、三万円の増額程度では満足するはずもなく、司法省は臨時予算請求を続けた。正院が司法省の要求を一方的に承認し続けたことで、大蔵省が念頭に置いていた予算抑制は水泡に帰していこうとしていた。

対立に決着がつく

司法省の独断に、大蔵省も手をこまねいていたわけではなかった。国家財政の危機に直結する事態を回避し、あらためて大蔵省の強権化をはかる必要から、明治六年（一八七三）二月、大蔵少輔渋沢栄一は再度の政府機構改革を提案する。渋沢の提案は、大蔵省の独力では、諸省の反発を抑えることは困難との認識から、ひとまず正院権力を利用して、諸省の過剰な予算請求を封じるものであった。そのためには、政府機構の改革により、正院を統御する太政大臣に大蔵長官を兼任させ、大蔵省を正院の直轄下に置くことで、諸省に対する優位性を確保しようとした。渋沢の提案に基づき、正院では政治機構改革の機運が高まり、五月の太政官制潤飾《じゅんしょく》へと進展していく。

渋沢が改革案を提出する一方で、四月一日、井上馨は全国の地方官を招集して地方官会同を開き、事態の巻き返しをはかった。四月一日に薩摩出身の政商五代友厚《ごだいともあつ》が大隈重信に送った手紙には、井上が地方官会同で「必ず司法の権、再び奪ひ返し候策略」（『五代友厚伝記資料』一巻）を立てたが、地方官が思うように井上になびかなかったことで、井上の画策は失敗に終わったとある。

地方官会同が不発に終わったことで、大蔵省の巻き返しは渋沢の改革案に一本化された。しかし、渋沢の提案の先にも大きな落とし穴が待っていた。四月十八日、陸軍大輔山県有朋が陸軍省内の汚職事件（山城屋和助《やましろやわすけ》事件）の責任をとって辞任したことをうけ、参議増員が検討され、翌十九日に江藤・前左院議長後藤象二郎・前文部卿大木喬任が新参議に任命された。これら新参議は、いずれも大蔵省に批判的な立場をとっていたため、渋沢の提案は阻まれていった。新参議は渋沢から機構改革の要請が提出されたことを逆手にとり、大蔵省権限の削減に踏み切った。改革により、予算編成は大蔵省から正院に移管され、大蔵省権限は大幅な縮小をみる。

井上と渋沢は、予算増額要求の泥沼化からの逆転をねらったが、思うような改革が断行されなかったため、不満を抱いて政府を去った。卿・大輔が不在となった大蔵省では、大隈が大蔵省事務総裁兼任となる。予算編成が正院に移ったことで、司法省と大蔵省の対立は収束した。

参議に任用されて江藤は司法省を去ったが、以後、明治六年十月二十五日に大木が司法卿として着任するまで、司法大輔福岡孝弟のもとで、七ヶ所の区裁判所（府県裁判所の下級審）が置かれ、裁判所の新設は継続する（なお、裁判所の新設は、明治七年の台湾出兵の余波を受けて停滞する）。

江藤は長州閥の不正を追及したか

ここまで本書では、江藤の考えが君主独裁にあると述べてきた。一方で、江藤の代表的な評伝である毛利敏彦『江藤新平』以降、一般には江藤が民衆の権利保障を唱え、長州閥と対立し、芸娼妓解《げいしょうぎかい》放令《ほうれい》を発令したとされてきた。

しかし、芸娼妓解放令は、一九九〇年代以降の政治史研究のなかで、江藤が芸娼妓解放を唱える以前から政府全体が芸娼妓解放に向けて動きだしていることが解明されている。司法省が明治五年（一八七二）十月九日に、「司法省達第二十二号」で芸娼妓解放を布告するより七日前、太政官が布告した「太政官達第二百九十五号」には、養女や年季奉公を名目とした芸娼妓への就業禁止、身柄の解放、解放に際しての借金訴訟を取り合わないことが明確にされており、芸娼妓解放は政府全体の意向であった。そのため、芸娼妓解放を事例に江藤の思想・行動が民衆の権利保障にあったとはいえない。

こうしたイメージ先行の論証は、当時の政治事件との関わりにも向けられた。司法卿着任以降、江藤は不正を働く長州閥を懲らしめる「正義」の存在と描かれてきた。しかし、江藤が直接に長州閥の不正を追及したとの史料は見つかっていない。

これまで江藤が長州閥の不正を追及したとされたのは、山城屋和助事件・尾去沢銅山《おさりざわどうざん》事件・槇村正直《まきむらまさなお》拘留《こうりゅう》事件の三件である。山城屋和助事件は、横浜で生糸の貿易商をしていた山城屋和助と、陸軍のあいだで起きた金銭の不正な授受をめぐる問題であった。奇兵隊士として戊辰戦争に参加した山城屋は、かつての上司であった陸軍大輔山県有朋との個人的な関係を活かして、陸軍省などの諸省の御用商人となり、官金を借り入れていた。また、陸軍省官員のなかにも山城屋から金銭を借り入れる者も少なからずいたようである。しかし、生糸相場が暴落すると、官金返済が滞った山城屋は、輸出の増加で埋め合わせるべく、欧米視察に向かった。視察先のフランスで山城屋は、女優と浮名を流し、競馬などで豪遊したため、パリの日本人社会のあいだで噂となり、現地駐在の外交官からの一報で官金の返済の可否が問題化した。

帰国した山城屋には、陸軍省の調査が入った。官金の返済を迫られた山城屋は、十一月二十九日に陸軍省の応接室で関係書類をすべて焼却したうえで、割腹自殺した。山城屋の自殺で、真相が解明されなかったため、鹿児島藩出身の将校たちは山県への不満を募らせ、陸軍省では鹿児島と山口出身者の対立が起こった。結果的に陸軍省内の内紛には、陸軍元帥兼参議の西郷隆盛・参議大隈重信・大蔵大輔井上馨が調停に乗り出した。当事者の一人であった山県は、陸軍大輔を辞任のうえ、陸軍御用掛として陸軍卿代理が命じられた。

『江藤南白』では、江藤が島本に命じて山城屋和助事件の調査に乗り出したとされるが、高木秀臣の証言以外に江藤の関与を示す根拠がないため、詳細は定かでない。山城屋和助事件が起こった当時、高木は文部省出仕であり、司法省の内情はわからなかったため、推測で証言したのだろう。江藤の関与が判然としないのは、山城屋和助事件だけでなく、尾去沢銅山事件も同様である。

尾去沢銅山は、秋田県鹿角《かづの》市にあった盛岡藩管轄の銅山で、戊辰戦争以降、藩財政が悪化した盛岡藩は、採掘権を御用商人の村井茂兵衛《むらいもへえ》に譲渡していた。しかし、証文の文面は、盛岡藩が尾去沢銅山を村井に貸し付けた形式となっていた。そのため、その証文を根拠に、旧藩債の整理にあたっていた大蔵省は、村井に尾去沢銅山の差し出しを命じ、抵抗する村井から銅山を差し押さえた。その後、尾去沢銅山は工部省の管理下に置かれたが、明治六年五月三十日、政府を辞職した井上は、工部少輔山《やま》尾庸三《おようぞう》に対し、尾去沢銅山を政商岡田平蔵《おかだへいぞう》に払い下げるよう打診した。岡田は山口藩出身で井上家に出入りしていた商人だった。

井上の伝記『世外井上公伝』によると、井上は実業界に転身し、尾去沢銅山の開発に携わるつもりでいた。この事件に司法省が介入したのは、明治六年五月に村井が大蔵省を提訴して以降である。その頃には江藤は参議に転任した後であるうえ、井上が銅山払い下げを山尾に持ち掛けたのも、同月末日である。したがって、尾去沢銅山事件も江藤による長州閥の不正追及の一環と見ることはできない。

また、小野組転籍事件後（「「司法省達第四十六号」の布告」を参照）、明治六年六月十五日の裁判で敗訴した京都府知事長谷信篤《ながたにのぶあつ》と同参事槇村正直が、小野組送籍も上告もしなかったことから、京都裁判所と司法省が裁判所権限に関わるとして、槇村を拘留した。この事件も、司法権が行政権からの独立を要求したとされ、江藤の陣頭指揮があったと考えられてきた。

しかし、この事件にも江藤の関与が明確でないばかりか、江藤は槇村の不正を追及する司法省とは違う考えを持っていたようで、江藤と同郷の司法省官員荒木博臣《あらきひろおみ》によると、江藤は参議就任後から槇村の不正追及には消極的であったと証言している（「談話筆記」中巻〈国立国会図書館憲政資料室所蔵「大木喬任関係文書」〉）。荒木以外にも京都府官員山本覚馬《やまもとかくま》が、槇村拘留の抗議に江藤のもとを訪れた際、江藤は山本の考えに理解を示していた（「槇村正直拘留事件書類」〈内閣文庫所蔵「岩倉具視文書」〉）。

これらの事件に江藤が関わったとされたのは、『江藤南白』の記述を鵜呑みにしたことに原因がある。江藤の顕彰が目的である同書は、顕彰を念頭に置くあまり、過度に江藤の業績を見積もった節があり、後世の研究でも近代法制度創設の功労者というイメージから、無批判に『江藤南白』の記述が援用されたのだろう。

内務省創設を構想

参議転任後、江藤の関心が司法制度に向けられなくなった背景は、江藤が内務省創設を目論んでいたためと考えられる。大久保利通の肝いりで創設されたことで知られる内務省は、留守政府期から創

福岡孝弟 『近世名士写真１』 国立国会図書館デジタルコレクション

設構想が本格化しており、宮島誠一郎や福岡孝弟によっても唱えられていた。宮島と福岡の構想は、強権化した大蔵省の弱体化を念頭に置いていたのに対し、江藤の構想は、行政警察（犯罪の予防）の確立を特色としていた（勝田二〇〇二）。明治六年（一八七三）五月十二日から十三日にかけて江藤が起草した「官制案」は、司法省が一手に握っていた警察権から行政警察を分離して内務省管轄とし、行政警察を司法警察（犯罪の訴追と処罰準備）から独立させようとしていた。

司法省から行政警察を独立させるというと、司法省権限の削減のように思われるが、もともと内務省のもとでの行政警察の必要性は、司法省法律顧問ブスケの提案であり、福岡司法大輔も同意するところであった。そのうえ、明治六年は百姓一揆が前年に比べて激増していたため、行政警察を確立させての治安対策は急務であった。

しかし、江藤の内務省設置は、岩倉使節団帰国までの新規改革凍結を唱える太政大臣三条実美の意向により、見送られてしまう。内務省の創設が再度提案されるのは、岩倉使節団帰国後に大久保の手によってであった。

非西洋思想に立脚して西洋法を導入

ここで、江藤司法卿在任中の法典編纂事業についても言及していこう。司法卿着任後、江藤は法典編纂事業を佐佐木から引き継いだが、西洋法に全面的に立脚するとの方針には、大きな変化が生じていた。条約改正の失敗により、西洋法と日本法制度を同質化するとの動きが後退したことに加え、日本社会の優位性を唱える江藤が司法卿となった以上、法典編纂の方針に変更が生じることは明白であった。

これまで、江藤の法思想は全面的な法の西洋化に向けられたと評価されてきたが、佐佐木の方針を引き継いで西洋法に立脚したのは、民法だけである。司法卿就任直後から、江藤は省内に民法会議を起こし、民法編纂に着手する。この会議には江藤以下、司法大輔福岡孝弟が参加したほか、西洋法に理解のある洋学者箕作麟祥や司法省法律顧問のフランス人ブスケたちが参加した。

大蔵省との対立に際して江藤が提出した辞表には、民法会議において婚姻・出産・死去を記載する民生証書の草案が完成しつつあったとされ、一定の進捗を見ていた。しかし、江藤の民法編纂については、磯部四郎《いそべしろう》（のちに大審院検事）がのちに、「仏蘭西民法と書いてあるのを日本民法と書き直せばよい。さうして真に頒布しようと云ふ論が起」（『江藤南白』下巻）ったと評したように、翻訳書をそのまま日本社会に当てはめるに等しいものであった。磯部の証言の妥当性はさておき、江藤がフランス法に立脚しようとしたのは、日本法制度の不備が関係していた。明治二十三年（一八九〇）に旧民法が公布されるまで日本社会には民法はなかった。

そのため、民法を知ろうにも、江藤をはじめとする法学・語学双方に長じていない人々は、翻訳を通して初めて民法を理解するほかなかった（大庭二〇一七）。民法が日本社会にない以上、民法編纂においては、西洋法の模倣に走るほかなく、フランス民法に立脚するより他に編纂の方法がなかったのである。

非西洋思想に立脚しているにもかかわらず、江藤が西洋法に依拠した民法編纂を許容したのは、江藤の国法観と民法観が大きく関係していた。国法は、現代でいうところの憲法である。憲法は統治の根本規範を定めたもので、統治機構・統治者・国民の権利と義務について言及するものである。こうした一般的理解に対し、江藤の国法観とは「国法ノ関渉スル所ハ、根本律法・経綸律法・刑法・治罪法・租税法・雑法」（「国法私議」〈国立国会図書館所蔵「副島種臣関係文書」〉）としており、国法のなかには、国民相互の権利調整は含まれず、民法は国法に関与しないと考えていた。

江藤の考えは、諸法典を公法と私法の区分に近い考えであり、国家と個人の関係を規律する公法を国法とし、私人間《しじんかん》の関係を規律する私法に民法を当てはめたのであろう。江藤はかねてより、天皇制国家の運営に影響を与えない範囲での西洋化は容認していた。こうした政体観も、民法編纂の方針に影響を与えていた。

この考えは、フィッセリング『泰西国法論《たいせいこくほうろん》』の受け売りであるが、結果として政体を規律する国法に民法が含まれないと捉えたことで、江藤は政体に関係ない民法は、フランス法に立脚して編纂することを容認できたのである。そのため、洋学者箕作麟祥が起草した民法草案は、ほとんどの条文がフランス民法と同一化していった。

民法がフランス法に立脚していった一方で、刑法は中国法を参考したものへと傾斜していった。江藤は刑法を国法の一つとしていたが、国学思想に立脚して政体を規律するのであれば、政体を規律するはずの国法に中国法の影響は排除するはずであるが、江藤のもとで編纂された「新律条例」（「改定律例」の下案）「改定律例」は、中国法に立脚して起草された。

江藤が中国法の影響を容認したのは、律令観と刑法をめぐる司法の混乱が背景にあった。幕末期に江藤は枝吉神陽のもとで律令を学び、明治維新後も中国法を肯定していた。佐賀藩出身の司法官荒木博臣の回想では、「新律綱領」起草にあたり、副島は中国清代の律に立脚するよう主張したが、江藤は「明律ニ拠ルノガ宜敷ト云フタ」とされる（『江藤南白』下巻）。江藤が中国法を肯定したのは、枝吉の影響と考えられるが、「公事方御定書」をはじめとした近世期の刑法のほとんどは、明代の律を参考にして成立していた。そのうえ、明治三年十二月に布告された「新律綱領」は、江藤が司法卿に着任した頃には、単行法令による修正や諸府県の司法担当者からの疑義が膨大となっており、「新律綱領」の加筆修正が必要となっていた。

しかし、刑法を新たに起草しようにも、編纂には手間を要するうえに、諸府県に裁判所を新設するタイミングと重なることで、新刑法を裁判官に周知できなくなるとの懸念が生じたものと考えられる。そこで、司法省では一から刑法を起草するのでなく、「新律綱領」の加筆修正により、刑法の不備を解消するとの方針を表明した。そのため、江藤が司法卿在任中に編纂した「改定律例」は、明律を取り入れて「新律綱領」の改定増補にとどまったのである。

江藤は国学思想に立脚しながらも、西洋法・中国法を参考にして、柔軟に日本の法制度を創り出そうとした。司法卿に着任した江藤に課せられた使命は、近代法制度を創り上げることにあった。条約改正交渉との関連から、近代法制度を西洋法に立脚すると考える佐佐木と違い、江藤は近世までの日本法制度の不備修正という観点から、近代法制度を創り出そうとしたと考えられる。不備補填のためには、西洋法であろうと、中国法であろうと参考にしようとすることに、江藤の法思想の特質があった。

しかし、江藤が企図した法典編纂事業は、明治六年政変を経て、大木喬任が明治六年十月二十五日に就任すると、方針が変化した。磯部四郎によると、

司法部内ニオイテモ江藤君ノ時代ニ圧迫セラレテ頭ヲ挙ゲザリシ議論モ沸湧シ来リ、或ハ曰ク仏蘭西ノ五法（ナポレオン法典）ヲ其ママ採用シテ仕舞ウナドトイウ事柄ハ飛ンデモナイ話デアッテ、兎ニ角以前ニ日本ノ慣習並ニ風俗ハ宜シク之ヲ斟酌取捨セザルベカラズ。（「民法編纂ノ由来ニ関

スル記憶談」）

との議論が起こり、司法省では全国の民事慣例が調査され、民法編纂の材料に供するために、『全国民事慣例類集』がまとめられた。このように大木就任をきっかけに、日本の慣習に立脚して民法が起草されようとしていた。これは、「国法ト云イ民法ト云イ、外国ノ書ヲ翻訳シテ直《ただち》ニ我民法ニ施行スルカ如キハ決シテ取ルべカラザル事」（「建国法意見書ニ等会議ノ図」〈国立国会図書館憲政資料室所蔵「憲政史料編纂会収集文書」〉）と考える大木の意向を反映したためであった。大木が江藤の方針を踏襲しなかったのは、過度に西洋化された法典を施行した場合、日本社会の実情に適さないことを危惧したためであろう（大庭二〇一七）。近世には統一的な民法こそなかったが、金銭貸与などの民事訴訟自体は存在していた。

ただし、大木は西洋法を全面的に否定せず、刑法が社会全体に行き渡っていることに関心を寄せていた。そのため、大木は旧刑法の起草には西洋法を参照としたのであった。江藤にしろ、大木にしろ、明治初期の法制度形成は、西洋法だけを念頭に置いて進展していったわけではなかった。

第五章　復権に向けた野心

台頭する征韓論

井上馨と渋沢栄一が明治六年（一八七三）五月に辞職したことで、留守政府の政情はいったん鎮静化していったが、九月にはいると、西郷隆盛を朝鮮に使節として派遣する問題が起きた。西郷が朝鮮へ赴くことを望んだのは、明治政府の発足以来、こじれていた対朝鮮外交を解決するためであった。

近世において、朝鮮外交は対馬藩の家役《かやく》とされ、対馬藩主宗《そう》氏が窓口となっていた。朝鮮からは徳川将軍の代替わりごとに慶賀使《けいがし》が送られたほか、定期的に通信使《つうしんし》が送られている。また、対馬では私貿易も行われ、石高の低い対馬藩財政は朝鮮との貿易に依存していた。

しかし、朝鮮通信使の接待費の多くが対馬藩の負担とされたこともあり、幕末期には同藩の財政は慢性的な赤字に陥っていた。対馬藩では幕末から赤字解消のために、中央政局への働きかけを行っており、文久期には山口藩の支援のもと、幕府に財政援助を要請する。こうした財政援助を念頭においた根回しは、明治維新後も継続して政府に対しておこなわれていた。

慶応四年（一八六八）三月二十三日、明治政府は朝鮮外交については、従来通りに対馬藩の家役とすることを認めた。この決定に対し、藩主宗義達《よしあきら》は、対馬藩の役割を明確にし、財政援助を得るよ

う画策した文書を政府に上申する。王政復古の理念に即して書かれたこの文書には、

朝鮮国ノ儀、上代三韓朝貢ノ古儀相止ミ候、爾後《じらい》中葉両国ノ時態一転シテ将家ノ隣交ト成、其交礼スベテ幕府ヲ以テ敵礼トナシ、其頃兵革ノ際、文物未開、交接ノ事例体裁相立タズ、間々御国威ヲ損候失錯無ニシモアラス（中略）徳川氏ニ至テ再隣睦ヲ修シ、爾来両国陽ニ誠信ヲ表シテ交候トイヘドモ、只慶弔聘問ヨコシマニ其礼節ヲ存スルノミニシテ、其実対州一国ノ私交ニ均シキ

（「朝鮮国トノ通交刷新建議ノ事」〈『日本外交文書』一巻一冊〉）

とあり、古代の天皇親政時代には、朝鮮諸国が天皇の徳を慕い、日本に朝貢していたが、武家政権では朝鮮外交は対等な関係に変化したとされ、この変化は「国威ヲ損候失錯」であるとした。江戸時代には朝鮮外交は形式化してしまい、実態は対馬藩の「私交」になったとしている。宗義達の上申は、中世・近世の朝鮮との対等関係を清算し、古代のように朝鮮が天皇へ朝貢するような外交関係の構築を説いた（吉野二〇〇二）。いわば、尊王攘夷思想に立脚した外交方針を対馬藩は表明したのであった。

明治元年十二月、対馬藩に対して、朝鮮に明治政府発足の通告をするよう指令が下ると、対馬藩は持参する国書に「皇」「勅」の文字を用いた。「皇」「勅」は、朝鮮に日本の優位性を伝えるための表現であった。むろん、「皇」は天皇、「勅」は勅語・勅使を意味する文字だが、朝鮮にとって外交上、「皇」は中国皇帝、「勅」は中国皇帝の言葉・使節という意味に他ならなかった。

華夷秩序（本書第一章を参照）のもとでは、「皇」「勅」の文字の使用が許されるのは、宗主国《そうしゅこく》であ

る中国だけであり、華夷秩序の外にある日本がこうした文字を用いるのは、侮蔑ととられるのは当然であった。そのため、国書の受け取りは拒否され、対馬使節派遣を機に日朝間の国交は断絶してしまう。朝鮮との国交が断絶したことで、政府では対馬藩排除の機運がたかまると、明治二年七月に創設された外務省では、「皇朝之藩属と相成らずとも」国交を回復するため、「皇使」が唱えられた。吉野誠氏によると、「皇使」とは朝鮮から朝貢を受けるべき天皇の使節であり、朝鮮服属論を理念とした使節であった。政府は対馬藩を朝鮮外交から排斥しつつ、対馬藩の外交論を引き継いでいた。そもそも、対馬藩の外交論が国交断絶の理由である以上、同じ論調で国交樹立を申し出ても成功するはずはなかった。

明治三年には、政府間の対等な交渉を外務省は企図したが、事態は膠着したまま、進展を見なかった。国交を結ぼうとしない朝鮮に対しては、木戸孝允らが征韓論《せいかんろん》を唱えていた。そうしたなかで、明治六年五月、朝鮮駐在の外務省官員の広津弘信《ひろつひろのぶ》が外務省へ送った報告書が大きな波紋を呼ぶ。三井組《みついぐみ》による密貿易発覚を受け、朝鮮政府が日本政府を批判した文書を発行したと報じた広津の報告書は、朝鮮側の対応を「朝意ニ関シ、国辱ニ係」るとし、砲艦外交による朝鮮への抗議を要請するものであった。

広津の報告書が正院へ進達されると、いち早く反応したのは参議板垣退助だった。板垣は広津の要請に応え、居留民の保護を名目に、速やかに釜山《プサン》への一大隊派遣を主張した。しかし、筆頭参議の西郷は、板垣の提案に難色を示した。征韓論を唱えたことで知られる西郷ではあるが、その腹案は、あくまで使節を派遣して外交交渉をふまえた後に開戦を期したものであった。

かつて、西郷の考えは外交交渉により平和裏に国交回復することであると、近代史研究者の毛利敏彦氏は説いていたが、板垣に宛てた七月二十九日付の手紙（『西郷隆盛関係文書』）のなかで、外交交渉の席上、必ず朝鮮側が「暴挙」に及ぶので、「討つべきの名も慥《たしか》に相立」と西郷は考えており、征韓戦争を期していた。この「暴挙」とは、「暴殺は致すべき儀と相察され候」であり、西郷も「死する位の事は相調《ととの》い申すべきかと存じたてまつり」と板垣に伝えていた。

本来、外交交渉は外務卿の管轄するところであり、筆頭参議の西郷が、殺害覚悟で自ら使節に名乗りを挙げたのは、異例のことであった。その原因は当時の西郷自身の健康状態にあった。西郷は政府批判を公然と唱える旧主島津久光の不満のはけ口とされ、たび重なる批判によるストレスで深刻な体調不良に陥っており、精神状態は、時として死を考えるほどに弱り切っていた。

そうしたなかで、政治問題化した朝鮮外交を利用した自死を西郷は考えるようになっていた（家近二〇一一）。また、かねてより鹿児島では、士族の不満がくすぶり始めており、西郷の征韓論には「内乱を冀《こいねが》う心を外に移して、国を興すの遠略」との意味が込められており、士族たちの活躍の場として、征韓戦争を起こそうとしていたのである。

尊王攘夷思想と征韓論

朝鮮との外交問題が政局の前面に浮上すると、西郷はたびたび板垣に使節志願の手紙を送るようになっていた。西郷が板垣に心中を語ったのは、板垣が即時派兵の急先鋒であり、板垣を抱き込むことで、本来の外交担当者である外務卿・副島種臣ではなく、西郷が遣韓使節に任命されるよう工作するためであった。こうした工作が功を奏し、正式決定は岩倉使節団が帰朝した後との条件つきながら、八月十七日の閣議で西郷の派遣が内定した。

江藤は、西郷の使節派遣には賛成の立場をとっており、十月十五日に岩倉具視に宛てた意見書には、樺太《からふと》で起きていた日露両国民のトラブルを引き合いに出し、樺太の外交問題は国民同士の問題にすぎず、国家間の問題である朝鮮問題解決に結びつく、西郷使節の派遣こそ優先すべきと唱えた。また、岩倉たちが考えていた西郷使節派遣の延期は、「朝廷ノ威権」を損ねると強く批判した。自らの体調と不平士族対策から使節派遣を唱えた西郷と違い、江藤は朝鮮外交の停滞を、「朝廷ノ威権」に関わる問題と捉えていたのだ。

朝鮮との外交問題が「朝廷ノ威権」に関わるとの発想は、対馬藩が唱えて以来、外交当局者たちに共有された認識である。江藤がそうした論調を援用したのは、尊王攘夷思想に立脚する以上、当然の理屈であった。江藤が自国認識をつづった「亡祖父上様に関する書類」という遺稿がある（史料目録では「覚書」と題されている）。これは、明治三年（一八七〇）に書かれたものを孫の誰かがまとめた

ものであるが、そこには、

神武ノ前ニ至マテ宇内奉ズル所ハ蓋《けだ》シ我神孫君ナリ、故ニ後世天皇ヲ称シテ天カ下シロメス天皇ト云、天カ下ハ宇内ナリ、宇内万国ノ人民ハ皆天皇ノ赤子《せきし》ナリ、赤子ニシテ孝ヲ知ラザル時ハ父ニシテ憂サルモノアランヤ、此赤子ヲシテ其方向ヲ定メ、其父ニ孝ヲ尽シ、子道ヲ全クセシムルモノハ、其大父タル天皇ノ大志ニシテ、神ノ厚旨ナリ

とあり、天孫降臨までの神世に世界中の人々が祭祀していたのは、天照大神の神孫であり、天皇も神孫である以上、世界中の人々は「天皇ノ赤子」と説いている。「天皇ノ赤子」である以上は、親に孝行するのと同じように、世界中の人々も天皇に孝を尽くすべきというのが、江藤の世界認識であった。これは、世界の国々に対して日本が優位にあるとの主張であり、日本を「神州」「皇国」と位置づける国学思想に立脚した考えであった。こうした考えは、朝鮮との外交問題にも向けられ、征韓論支持の要素となったのだろう。

なお、十月十五日に江藤が岩倉に宛てた意見書には、西郷を「必《からなず》死《し》を以てなすの人」と書いており、江藤は西郷の征韓論の全容を理解して支持を表明したと考えられる。つまり、江藤もまた征韓戦争を期していたことになる。戦争を支持したのは、日本の優位性を説く以上、「皇」「勅」の語の使用を認めず、「朝意ニ関シ、国辱ニ係」る（広津報告書）朝鮮とは戦争も辞さないと考えてのことであろう。征韓戦争を期していたことから、江藤にとって西郷使節の延期はもってのほかであった。

しかし、西郷や江藤の考えとは裏腹に、西郷使節の派遣は閣議決定されたにもかかわらず、岩倉使節団のメンバーが帰国後に正式決定するとしたことから、議論は紛糾していく。

明治六年政変で政府が分裂する

明治四年（一八七一）十一月十二日に横浜を出航した岩倉使節団一行は、長期間の滞米を余儀なくされた後、イギリス・フランス・ドイツを外遊し、九月十三日に横浜港に戻ってきた。このとき、大使の岩倉具視は朝鮮問題が緊急のものとは認識していなかったが、九月末に西郷隆盛が岩倉に閣議を開くよう要求し、十月十二日の閣議開催が決定する。

しかし、閣議前日の十一日になり、太政大臣三条実美は西郷に閣議の延期を伝えた。三条の決断は、西郷使節が開戦につながることを憂いてのことであった。延期決定に対し、西郷は三条に書簡を送って、使節の中止を検討するようならば、自殺するしかないと伝えた。自殺をほのめかす西郷に、三条は使節の派遣は変更せずに、派遣の延期を打診した。三条の打診の真意は、もし西郷が自殺した場合、西郷を大将に据える陸軍の暴走が予想されたためであった。

このとき、西郷の盟友である大久保利通は、十二日に参議に就いた後、西郷の主張が戦争につらなるばかりか、「深慮遠謀」によるものでないと反対した。大久保の反対理由は、非常に理路整然としていた。戦争により国内外に七つの弊害が生じることを大久保は懸念していた。その弊害とは、①士

征韓論之図　国立国会図書館デジタルコレクション

族反乱と民衆騒擾、②軍事費増加による財政危機、③富国化の挫折、④輸入超過による輸出入不均衡、⑤ロシアの南下を助長する、⑥イギリスの内政干渉を招く、⑦条約改正の障害である。さらに戦争に勝利したとしても、軍事費増加は免れないばかりか、朝鮮の占領にはコストを要し、隣接するロシアと清国からの内政干渉を招きかねないとも主張して、西郷使節と征韓戦争には断固反対の姿勢を貫いている。

三条と大久保の考えは西郷使節の中止にあったが、西郷が即時派遣を強硬に唱えたため、閣内では使節派遣の可否ではなく、即時派遣か延期かを問うこととなった。

十四日に開かれた閣議には、体調不良で欠席した木戸孝允を除いた、三条・岩倉・西郷・大久保・江藤・大隈重信・板垣退助・副島種臣・後藤象二郎・大木喬任が参加した。三条と岩倉は、樺太における日露紛争のほうが朝鮮問題より優先度が高いこと、朝鮮と戦争となっても準備不足は明らかであることを理由に、西郷使節の延期を主張した。しかし、西郷が反対意見を強く唱え、議論は平行線を辿る。（『岩倉公実記』中巻）。西郷使節派遣の可否は、翌日の閣議に持ち越された。
十五日の閣議には、西郷以外の大臣・参議が出席した。西郷は、前日の閣議での主張がすべてであるといって、欠席した。この日の閣議では、三条と岩倉が出席者に考えを問うことに終始した（前節の江藤の意見は、このときのもの）。大久保は延期論を通したが、他の出席者は即時派遣に賛成した。全会一致がままならなかったため、最終決定は三条と岩倉の二人に委ねられた。両者会談のあと、参議に結論が伝えられたが、その内容は、西郷の進退に関することであるため、即時の使節派遣を承認するというものであった。このときの最終決定で、西郷使節の即行に決したのは、変説した三条が押し通したからであった。閣議決定は、あとは天皇への上奏を待つばかりとなる。

西郷使節の派遣に決した二日後、岩倉・大久保・木戸の三人は辞意を表明する。岩倉たちの辞意に接した三条は、かねてからの心労がたたり、十八日に精神錯乱におちいり、上奏は延期された。

三条が職務遂行できなくなったことを受け、十九日、大久保は逆転のための「一の秘策」に打って出る。これは、宮内卿の徳大寺《とくだいじ》実則《さねつね》による西郷使節延期の秘密上奏であった（高橋一九九三）。大久保と岩倉は、閣議決定と一緒に延期論を岩倉太政大臣代理の考えとして上奏して、天皇の裁断により延期論を採用させるというシナリオを描いた。延期論の採用には、事前に天皇に延期論のみを上奏し、あらかじめ天皇の意向を固める必要があったため、二十日（二十一日ともいわれる）に秘密上奏がされ、天皇の同意を得ることに成功した。

二十二日、いつまでも岩倉が使節派遣を上奏しないことに業を煮やした西郷・板垣・副島・江藤の四参議は、岩倉を訪問し、閣議決定を速やかに上奏するよう訴えた。このとき、岩倉は使節派遣と延期論を同時に上奏し、天皇の裁断を仰ぐと四参議に伝えた。二十三日、岩倉が上奏を済ませると、二十四日に天皇は岩倉たちの辞意を却下するとともに、使節派遣の延期を裁断した。このとき、西郷は天皇の裁断を待たずに、二十三日のうちに辞表を提出し、鹿児島へと帰っていった。

閣議決定を独断で葬る「一の秘策」は劇薬であり、西郷をはじめとした五参議の辞職を招いた。そればかりか、辞職した西郷以外の四参議は、翌年一月に国会開設を求めて「民撰議院設立建白書」を左院に提出する。「民撰議院設立建白書」をきっかけに、帝国議会開設まで、日本全国では十六年にわたって政府批判をふまえた国会開設が議論されていく。また、征韓論の主唱者西郷は、明治十年一月、西南戦争を起こし、同年九月に自害する。

下野した参議たちの闘争が尾を引く一方で、朝鮮外交の停滞は明治九年二月二十六日に日朝修好《にっちょうしゅうこう》条規《じょうき》が結ばれたことで解決する。

下野後の復権をねらって

西郷が政府を去った二日後の明治六年（一八七三）十月二十五日、西郷使節の不裁可をうけて、江藤・副島種臣・板垣退助・後藤象二郎の四参議も辞表を提出した。江藤も他の参議同様に、翌年一月に左

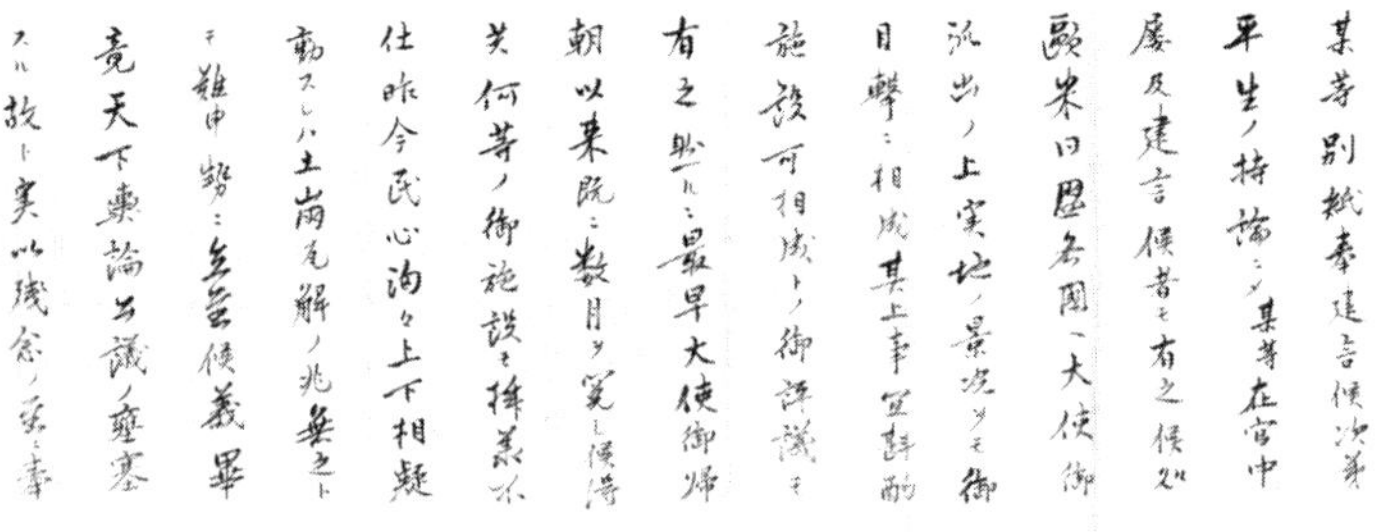
某等別紙奉建言候次第
平生ノ持論ニシテ某等在官中
屢及建言候者モ有之候処
欧米回歴各国ノ大使御
派出ノ上実地ノ景況ヲモ御
目撃ニ相成其上事宜斟酌
施設可相成トノ御評議モ
有之趣ニ最早大使御帰
朝以来既ニ数月ヲ閲シ候得
共何等ノ御施設モ拝承不
仕昨今民心洶々上下相疑
動スレハ土崩瓦解ノ兆無之ト
モ難申勢ニ立至候義畢
竟天下輿論公議ノ壅塞
スル故ト実以残念ノ至ニ奉

院への「民撰議院設立建白書」提出に加わっている。政府の辞職から「民撰議院設立建白書」提出までのあいだ、御用滞在を命じられており、病気保養を理由とした佐賀への帰県も許されなかった。御用滞在中、江藤は土方久元《ひじかたひさもと》と演劇を見に行ったり、同郷の古賀一平《こがいっぺい》と親交を深めていた。

そうしたなか、江藤は愛国公党《あいこくこうとう》の創立メンバーとなる。愛国公党は、西郷を除く明治六年政変で下野した参議を中心に、明治七年一月十二日に東京銀座の副島種臣邸で結成された、日本でも初期の政治結社である。結成の席上、古沢滋《ふるさわうろう》が起草した建白書を参加者で確認し、完成したのが「民撰議院設立建白書」であった。一月十七日、板垣たちは左院に「民撰議院設立建白書」を提出した。この建白書は国会開設の重要性を説き、国会開設運動（民権運動）のきっかけとなったことで知られる。

ただし、提出者の中には、江藤や副島たち非西洋的な考えを持つ人物が名を連ねており、「民撰議院設立建白書」が国会開設だけを求めた主張でないことを表していた。「民撰議院設立建白書」の書き出しは、「臣等伏して方今政権の帰する所を察するに、上帝室《かみ》に在らず、下人民《しも》に在らず、而して独り有司《ゆうし》に帰す」とあり、政府批判を明確にしていた。

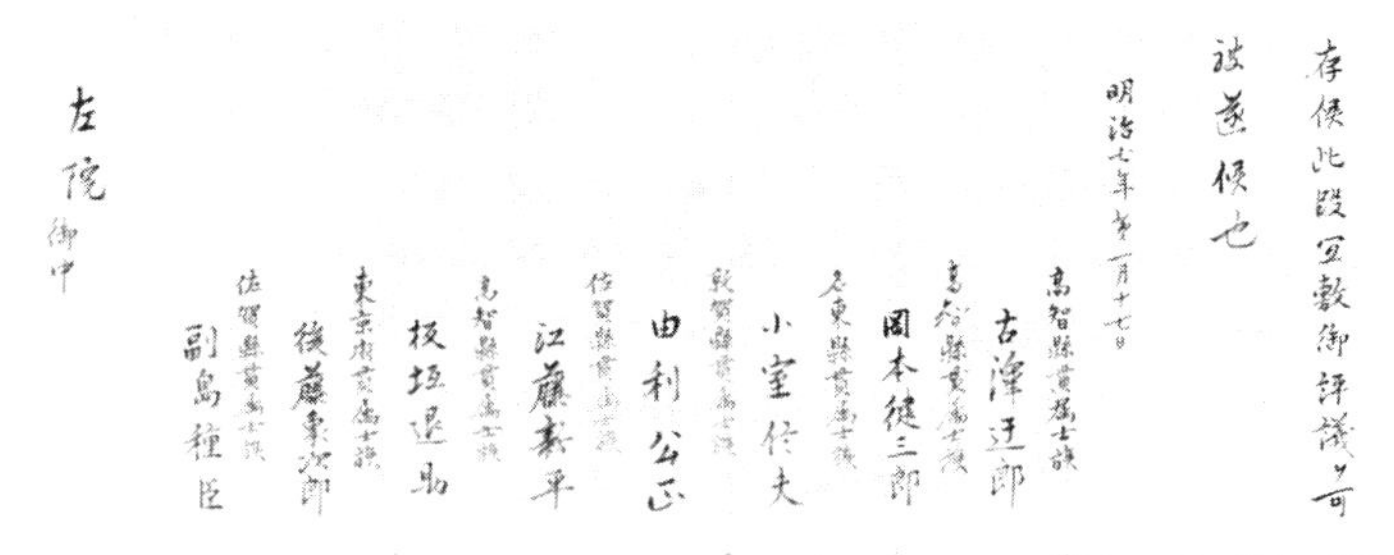
存候此段宜敷御評議ヲ可
被遂候也
明治七年第一月十七日
高知縣貫属士族 古沢迂郎
高知縣貫属士族 岡本健三郎
名東縣貫属士族 小室信夫
敦賀縣貫属士族 由利公正
佐賀縣貫属士族 江藤新平
高知縣貫属士族 板垣退助
東京府貫属士族 後藤象次郎
佐賀縣貫属士族 副島種臣
左院 御中

民撰議院設立建白書　国立公文書館蔵

これは、権力を握っているのが天皇でも人民でもなく、「有司」であることへの批判（有司専制批判）である。ここでの「有司」とは、一般的には官吏をさす言葉であるが、「政権の帰する所」が「有司」と説くあたり、明治六年政変以降、政府の中心に座るようになった大久保を意味していた。「民撰議院設立建白書」の提出者が、明治六年政変で「一の秘策」により辞職した元参議であること、その内容が現政権を意味する有司専制の批判であることから、建白書の提出には、政権から追われた者たちの復権活動という側面があった（升味一九六四、松沢二〇一六）。

政府辞職後、江藤の批判は、「一の秘策」で不当にも自らを斥けた大久保に向けられ、江藤は復権を期すようになる。明治六年政変は、江藤の政敵が井上から大久保に代わったきっかけであった。佐賀に帰郷するとき、霞が関にある大久保の邸宅前を通りすぎた折り、江藤は門前で「大久保は小児だ」（『江藤南白』下巻）と陰口を叩いたとする逸話が残っている。

「民撰議院設立建白書」提出から一ヶ月後の二月十五日、江藤は佐賀の乱に加担する。佐賀の乱に加わった士族たちの目的は、士族特権の回復と征韓戦争の実行にあったが、開戦の際に江藤が発した宣戦布告文は、征韓戦争の実行を唱えていた。江藤の主張は、朝鮮外交の経緯を述べたうえで、征韓戦争が「国権」と「民権」に関わる一大事業であるにもかかわらず、「二・三の大臣、偸安（一時しのぎの安心）の説を主張し、聖明（天子の徳）を塞閉し奉り、遂に其議を沮息せり」（「決戦之議」）と唱え、岩倉や大久保たち征韓論に反対した政府指導者を批判している。下野後の江藤の立場は、「民撰議院設立建白書」と佐賀の乱による政府批判に置かれていた。国会開設運動と士族反乱は、国家構想にこそ違いがあるが、政府批判という点では一致した運動であった。

佐賀の乱は、征韓戦争の意義を強調し、大久保政権打倒を目的としていた。だが、仮に大久保政権を倒したとして、征韓戦争を断行しようとした以外、どのような政権を樹立しようとしたのかは判然としない。

征韓党からの帰郷要請

「民撰議院設立建白書」提出の翌日、江藤は佐賀に帰郷した。帰郷前の明治六年（一八七三）十二月二十四日、佐賀で同志であった中島鼎蔵《なかしまていぞう》と山田平蔵《やまだへいぞう》が、副島種臣と江藤を訪ねて上京していた。中島と山田の二人は、副島と江藤に佐賀へ帰郷し、征韓党のリーダーとなることを依頼に訪れたのである。副島と江藤は話し合いの末、江藤だけが帰郷した。帰郷直前に面会した高木秀臣《たかぎひでおみ》（のちに東京控訴院《とうきょうこうそいん》検事長《けんじちょう》）は、このときに江藤が「今日は、有志の士決起して第二の維新を成就せねばならぬ時である」と語ったと証言している。なお、江藤帰郷の知らせに接した土方久元と木戸孝允は、江藤の前途に誤りが生じないよう使いを立てて、江藤を追跡させたが、江藤に追いつくことは叶わなかったという。結果的に、土方と木戸の予感は的中することとなる。

明治七年一月十三日、「民撰議院設立建白書」の提出も見届けぬまま、江藤は山中一郎《やまなかいちろう》や香月経五郎《かつきけいごろう》たちと帰郷の途に就く。江藤たちは、横浜から海路で神戸を経由して佐賀へ向かった。同じ船には、高知の民権家林有造《はやしゆうぞう》が乗っていた。皮肉なことに、林は佐賀県士族たちが不満を募らせていた岩村《いわむら》通俊《みちとし》権令の弟で、佐賀の乱のときの権令岩村高俊《たかとし》の兄にあたる。

鹿児島に向かう林とは神戸で別れ、一行は佐賀に到着する。佐賀に到着した日付は判然としないが、佐賀に到着した後、二月四日から十一日にかけて、江藤は長崎深堀の別荘に滞在していることから、佐賀到着は一月下旬から二月初旬であろう。このとき、佐賀の乱の開戦は十五日に迫っていた。

問題化した佐賀県士族の困窮

江藤の帰郷に前後して、佐賀県では征韓論が高まっていた。佐賀県の下層士族たちは征韓党を組織し、征韓戦争にとどまらず、ロシアとの開戦も辞さない構えを見せていた。廃藩置県・徴兵令布告の後、佐賀県では士族困窮が問題化しており、行き場のない士族たちの不満は外征に向けられ、外征によって士族たちは自分たちの社会的意義を確認しようとしていた。この社会的意義とは、士族＝軍人という近世以来のものであることはいうまでもない。

当時の佐賀県では、前年春からの大規模な干ばつと百姓一揆に悩まされていた。また、県庁の要職は、佐賀県士族に独占されており、中央集権化をはかっていた政府からすると、佐賀県の性格はまさに、「難治県」の一つであった。こうした佐賀県政の混乱をおさめようとしたのが、明治六年（一八七三）七月に権令についた岩村通俊であった。岩村はのちに鹿児島・沖縄で県令となり、佐賀権令着任前には北海道開拓に携わった人物であった。

岩村は、九月から佐賀県庁への他県人の採用を進めていく。他県人の採用は、中央から派遣される地方官による県庁の統率を高めるための施策だったが、県の要職を他県人に取られたことで、佐賀県士族の不満は高まっていった。廃藩置県により多くの士族が失職して以降、徒食を余儀なくされた上層士族や卒たちの怒りの矛先は岩村に向けられていた。

岩村の権令就任以降、城下ではのちに佐賀の乱を起こす征韓党と憂国党の組織化が始まっていた。この当時、佐賀県士族は佐賀の乱を起こした征韓党と憂国党、宗竜寺党の三派に分かれていた。征韓党は下層士族が多く、憂国党に比べて藩政改革のときに家禄の削減をほとんど受けなかった。そのため、士族特権への執着が強く、士族の存在意義を征韓戦争で取り戻そうとしていた。征韓党には征韓論を唱えた江藤が党首に迎えられたのである。

一方、旧藩時代に征韓党士族より上位の家臣で組織されたのが、憂国党であった。彼らの多くは征韓党士族に比べ、藩政改革によって失った家禄が大きかったうえ、維新後は開墾・閑居などの身であったため、家禄への依存が強く、家禄復旧を唱えていた。憂国党は、前秋田県権令島義勇《しまよしたけ》を党首に迎えている。佐賀の乱以前は、征韓・憂国両党は連携することがなかったとされるが、その主張は広義での士族特権の回復で一致していた。

なお、両党と距離を置いていたのが、宗竜寺党であった。宗竜寺党は前山清一郎を中心とした勢力で、県庁と結んで県政の安定化をはかっていた。

明治政府の諸政策により困窮する士族たちが担ぎ上げたのが、諸政策の断行を担った江藤というのも皮肉な話ではある。一方で士族たちが敵視していた権令岩村も、決して士族の困窮に手をこまねいていたわけでなかった。岩村は士族授産をはかり、官有林の払い下げを政府にかけあったりしたが、成果をあげることはできなかった。

鎮圧に乗り出す政府

佐賀県に江藤の帰郷の一報がもたらされ、征韓党党首就任の期待が高まると、征韓党士族たちの動きは活発化していった。彼らは狂信的に征韓戦争を唱え、先鋒として朝鮮へ向かうものと自認していた。さらに、戦争は朝鮮だけに留まらず、ロシアとも戦火を交えることに期待をかけていた。江藤の帰郷に先立ち、征韓戦争実現の足元を固めるべく、征韓党による県庁組織の掌握が唱えられ、県庁には県官吏への征韓党加入の勧誘と同党士族の任官を求めて、征韓党士族が連日押し寄せていた。

これら征韓党士族たちの動きは、地方行政の障害にほかならなかった。明治六年（一八七三）十一月二十九日に創設された内務省は地方行政を管轄したことから、同省にとって佐賀県内の動静は懸念するところであった。初代内務卿となった大久保利通は、府県統廃合に大鉈を振るい、政府に忠実な府県体制を創り上げようとした。

そうしたなか、明治七年二月一日、政府に直訴するための上京費用の工面に失敗した憂国党士族たちが、小野組官金強奪事件を起こすと、それまで静観の構えを見せていた政府は、佐賀県士族の鎮圧に乗り出す。このとき、憂国党が奪った官金とは、政府所有の金銭であった。政府所有金銭の強奪は、反政府の表明にほかならなかった。二月四日、官金強奪の報に接した大久保は、岩村通俊に代わって新権令に任命した岩村高俊に、陸軍兵を連れての赴任を命じた。岩村の赴任を佐賀県士族への挑発行為と捉える見方があるが、小野組官金強奪事件に端を発する県内の緊張への対応と見るべきであろう。

むろん、大久保は憂国党の動静を看過するわけがなく、岩村に赴任を急がせるとともに、七日には憂国党の鎮圧にみずから乗り出すため、九州出張を申請した。大久保の肝いりで設けられた内務省は、地方統治を所管していた。そのため、地方統治の障害となる佐賀の乱の鎮圧には毅然とした態度で臨んだ。大久保にとっては、佐賀の乱は内務卿としての初めてのハードルであり、手腕が試される試金石であった。このとき、大久保は木戸に宛てた手紙のなかで、政府の「気力」を見せなければ、「威権」を立てることが困難になると語っていた。

大久保みずからが鎮圧に向かうことは、九日の閣議で承認され、大久保には十日付で臨機処分権が与えられた。臨機処分権とは、士族の反乱や百姓一揆の鎮圧に際して、特定の官吏に軍事・行政・司法の権限を一任するものである。大久保への委任状には、死刑処分の許可も記されていた。星原大輔氏は、死刑判決には天皇の裁可が必要であるが、江藤の死刑執行には上奏の形跡がないと説いていたが、大久保に与えられた臨機処分権は、太政官への伺・天皇の裁可を必要とせず、大久保の判断で権限を行使できたので、上奏の形跡がないのは当たり前である。

十九日、福岡に到着した大久保は、福岡・小倉《こくら》・三潴《みづま》の士族を徴募し、二千人の兵力を確保した。この兵力は、東京から大久保が引率した軍と熊本鎮台《ちんだい》兵とともに政府軍の主力となった。

なお、佐賀の乱の原因を江藤と大久保のもつ富国構想の違いに求める論文がある（中村二〇一三）。そのなかで明治六年一月に江藤が提出した辞表を根拠に民法制定が国民生活の安定をもたらし、民衆が生業に専念するため、富国を達成するとの考えを江藤が持っているとされている。

たしかに、辞表には民法を制定し、裁判所を設けることで、民法の全国的運用と富国化を見ると記されている。しかし、この辞表は大蔵省の査定した予算額では、全国に司法制度を網羅できないとの主張から書かれたものであり、民法制定と富国化は裁判所の有用性を担保する材料にすぎない。史料の書かれた背景を一切鑑みずに執筆されたこの論文は、明治二年の中弁就任後に起草された「新政改革等意見書」についても触れ、民法制定が急務とされていると説く。だが、引用箇所の直後には、規範となる民法がないために地方官の恣意的判断がまかり通っていることが問題とあり、富国には一切触れていない。こうした史料読解の不整合性に加えて、江藤の追い落としの背景となった大久保の「民力養成」に立脚した富国構想は、明治七年から明治八年に提起されており、本格化するのは江藤の死後である。このことから、佐賀の乱の発端が大久保の富国構想の違いとする説には説得性がない。

挙兵し、佐賀県庁を襲撃

二月五日、新権令岩村高俊が陸軍兵をともなって赴任する報が佐賀に伝えられると、征韓・憂国両党の士族は殺気立った。江藤は、同時期に佐賀へ帰郷して憂国党に合流した前秋田県権令島義勇と十一日に面会し、岩村の赴任を知らされる。静養先の長崎から戻った江藤は、十三日に征韓党幹部と会合を開き、岩村が県庁（佐賀城）に入る際に、何らの布告も出さなければ挙兵することに決した。

そして、岩村が十五日に布告なく県庁に赴任したため、岩村赴任当日の夜、征韓・憂国両党士族は、佐賀県庁を襲撃した。このとき、反乱に加わった佐賀県士族は、支藩士族も含めて一万二千人に膨れ上がっていた。反乱軍が一大兵力を動員できたのは、佐賀の乱までに旧支藩を含めた組織化に成功していたためである。しかし、刀や槍などの旧式装備しか持たない反乱軍に対し、西洋式の銃砲などの

「皇国一新見聞誌 佐賀の事件」　武雄市歴史資料館蔵

新式装備で固めた政府軍とでは、力の差は歴然であった。征韓党幹部たちは、鹿児島にいる西郷隆盛と桐野《きりの》利秋《としあき》が呼応してくれるとの期待を持っていたが、楽観的観測にすぎなかった。

一時、反乱軍は県庁を占拠したが、十九日には政府軍に県庁を奪還され、次第に旗色は悪くなっていった。二十二日に反乱軍を賊徒と認定する太政官布告が発せられ、政府軍の本格的な攻撃が始まると、反乱軍は一方的に後退を強いられ、三月一日には鎮圧された。政府軍と反乱軍の戦闘は、わずか数日のことであった。ここに、江藤の復権は完全に破綻する。

裁判で梟首が決まる

佐賀の乱は二月十五日から三月一日まで続いたが、江藤はいち早く逃走していた。鎮圧を終える前の二十三日には、征韓党幹部数名と佐賀を抜け出し、鹿児島へ向かった。島も江藤に遅れること数日、憂国党の幹部を連れて、内閣顧問となっていた島津久光に提出する建白書を携えて、鹿児島へ向かった。しかし、島は久光に上申することなく、三月七日に鹿児島で捕縛された。

一方、江藤が鹿児島へ向かったのは、西郷に会うためであった。この頃、西郷は鹿児島で帰農しており、体調不良の原因であった政務や島津久光との距離を置いていた。江藤は鰻《うなぎ》温泉で西郷と会ったが、西郷の助力は得られなかった。

しかし、西郷は江藤に船を用意し、鹿児島へ向かうよう促した。鹿児島では、明治六年政変で政府を辞した前陸軍少将桐野利秋と面会する。桐野は、江藤に鹿児島城外の地に留まるよう諭したが、江藤は上京して参議に弁解することを決意していた。鹿児島から水路で東京へと向かったが、途中で船が難破し、ひとまず停泊した垂水《たるみ》湊（現鹿児島県垂水市）から陸路で日向飫肥《おび》（宮崎県日南市）へ発った。

飫肥に到着した江藤は、明治六年政変でともに政府を辞職した小倉処平《おぐらしょへい》を頼った。江藤は小倉に船を手配してもらい、三月十日、ひとまず高知へと向かった。なお、この小倉という人物は、第一次桂太郎《かつらたろう》内閣で外相を務めた小村寿太郎《こむらじゅたろう》の師である。

江藤は八幡浜《やわたはま》（愛媛県八幡浜市）を経由して向かった高知で、佐賀帰郷の際に懇意となった林有造と立志《りっし》社長・片岡健吉《かたおかけんきち》と会うが、ここでも協力を得られずに終わる。敗軍の将である江藤に手を差し伸べるものはいなかったのだろう。結局、三月二十九日に江藤は高知県安芸郡東洋町の民家で捕縛さ

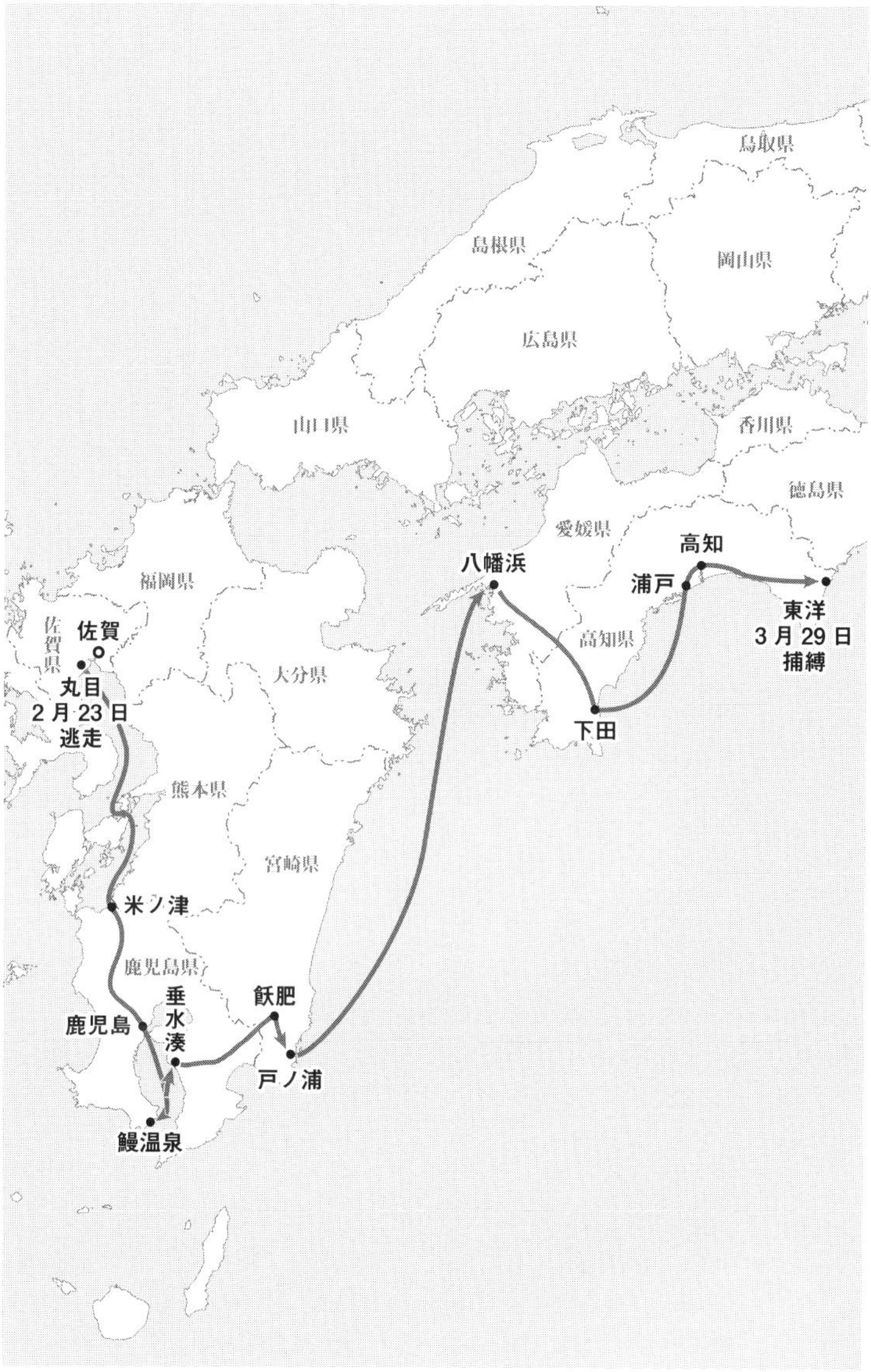

図4　佐賀の乱と江藤の足跡（現在の県域にあてはめたもの）

れ、身柄は佐賀へ送られた。なお、このとき、逃亡中の江藤の人相書きが各地に出回っているが、それには「肉肥えたる方」（『江藤南白』下巻）とあり、後世に伝わる写真と異なる印象も記されている。

江藤が逃亡している間、大久保は江藤の足跡を正確に把握していた。四月二日に江藤捕縛の報を聞いた大久保は、その心境を「雀躍ニ堪ヘス」と日記につづっている。「雀躍ニ堪」えないほど大久保が歓喜したのは、臨機処分を委任されている以上、賊軍の首謀者を取り逃がすわけにはいかなかったのだろう。翌日の日記には、「賊敗走数日ヲ経、捕縛アタハズ、実ニ苦心言フベカラズ。今夕始テ安心セリ」と書いている。

江藤の裁判は、四月八日から司法省臨時裁判所で始まった。この裁判で江藤を裁いたのは、江藤を司法卿に推した河野敏鎌であった。裁判中の江藤は、「陳述曖昧《ちんじゅつあいまい》」であったとされる。これは大久保だけでなく、裁判官を務めた河野も同じように感じていたようで、後年に牟田口元学《むたぐちげんがく》（貴族院議員・東京鉄道社長）に「江藤の弁論が曖昧」であったため、「何故曽《かっ》て江藤の部下になったかを自ら疑った程であった」と語っている（『江藤南白』下巻）。江藤が公判でどのような口頭陳述をしたか、詳らかでないが、河野も大久保同様に、江藤の人間性が疑わしいとの印象を持ったようである。

裁判は四月十三日に結審し、江藤には士族籍からの除籍と梟首《きょうしゅ》が言い渡され、その日のうちに刑は執行された。大久保の日記には、賊徒のなかには「男子ト見エ」た者や「憐ムベキモノ」もいたようだが、江藤については「醜態笑止ナリ」と記されているのみである。江藤の刑死により、「難治県」

佐賀の平定が終わると、大久保は十四日に佐賀を発った。
その後、佐賀県は「廃藩置県は有名無実」と評されたこともあり、明治九年に福岡県と長崎県に分断のうえ合併された。大木喬任の歎願により、再び佐賀県となるのは、明治十六年のことである。なお、江藤梟首の写真が現代にも伝えられている。俗説では大久保が周囲に配ったとされるが、司法省に出仕していた有馬藤太《ありまとうた》の回想によると、開拓使官員の西村貞陽《にしむらさだあき》が配ったといわれる（『維新史の片鱗』）。
江藤の亡骸は、梟首とされた後、親族が引き取り、木角村（佐賀市鍋島町）の蓮成寺《れんじょうじ》に葬られた。江藤の墓には災難除け・満願成就の御利益があるとの風聞が流れ、佐賀近郊から多くの参拝客が訪れたという。死後、江藤に向けられた信仰は、その後、急速に廃れていったことから、流行神《はやりがみ》ともいうべきものであった。流行神としての信仰を経て、墓は江藤の遺族の希望によって本行寺《ほんぎょうじ》（佐賀市）に改葬された。明治四十四年、築地本願寺で開かれた江藤の奉告祭に出席した大隈重信は、
江藤先生の国を念うとの熱烈なる精神が江藤先生の如き学識を有し、経論の才に富んで居るに係らず、失敗したと云うのは、偶然ではない。即ち勢である（『江藤南白』下巻）
と語った。江藤は、西郷の征韓論提唱を尊王攘夷実行の好機と考えたのだろうか。江藤は留守政府で、たしかに権力の中心にいた。大隈の語ったように、江藤は権威という勢いに任せて尊王攘夷を望み、下野という道を選んだ。権威を失った江藤には、もはや自力での名誉回復の道は残されていなかった。

終章　江藤新平の実像と虚像

政治思想の特質

幕末から明治にかけて日本の国家的課題は、欧米諸国と対等以上の関係を、どのように築き上げていくかであった。これは江藤だけでなく、大久保利通や木戸孝允にも共通する課題であった。本書で見てきたように、江藤が明治政府と袂を分かったのは、尊王攘夷思想に原因があった。

幕末期、枝吉神陽の薫陶を受けた江藤は、国学に傾倒し、尊王攘夷を唱えていく。同じ枝吉門下の大隈重信や大木喬任が、現実の政局や洋学に立脚して尊王攘夷から離れていったのに対し、明治期になってもなお、国学に立脚した政治思想を持ち続けたのが江藤であった。かつての研究では、江藤が立脚した国学・尊王攘夷思想は、西洋化の阻害因子と見られてきた。しかし、近代の到来とともに、国学をはじめとした非西洋思想にも変化が生じてきたのは、本書で見てきた通りである。

江藤の尊王攘夷思想もまた、近代化が進展する当時にあって、議会制度・司法制度を取り込み、自国の優位性を確立することを目的とし、積極的に近代化を企図する要素であった。江藤の近代化構想は、尊王に立脚した「君主独裁」を政体の基礎に据え、攘夷のための「万国並立」を期して西洋の政治制度を取り込んでいった。江藤の思想の特質は、尊王攘夷・国学と西洋化を「断絶」「転向」でなく、つなぎあわせることにあったのである。こうした近代化構想は、江藤に付与され続けた近代市民社会の実現者というイメージとは大きくかけ離れている。

ともすれば本書を通して、江藤の近代化構想を不徹底な近代化や近代そのものの誤解と捉えてしまうかもしれないが、そのように断じる必要はないだろう。「不徹底」・「誤解」とする位置づけの対極にあるのは、西洋近代への完全な一致を求める視点であり、社会の固有性を無視した議論へと転じてしまうばかりか、近代化の過程を「先進的」か「後進的」かという無意味な議論へつなげてしまう。

むしろ、江藤のような非西洋的思想に立脚した近代化構想は、独自の近代化構想と考えるべきであろう。

佐賀の乱の帰結

江藤が刑死した翌月、台湾出兵がはじまる。出兵の目的は、近世において日清両国のあいだで帰属が曖昧だった琉球の日本領化にあった。このとき、征韓論を期す士族たちでなく、陸軍兵が動員されたのは、外征に士族は不要との政府の意思表明であり、征韓論をはじめとした士族たちの外征論の根拠を失わせるねらいがあった。佐賀の乱で頓挫したとはいえ、佐賀県士族たちの外征の望みは、ここに完全に断たれた。

佐賀の乱後の明治七年（一八七四）四月二十九日、内務省に戻った岩村高俊に代わり、佐賀県令に着任した北島秀朝は、区町村の行政事務の責任者である区戸長に佐賀県士族の任用を進めたほか、士族授産に力を注いだ（堤二〇一七）。一方、授産対象とされた士族たちも、征韓党が中心となり、民権結社「自明社」を結成した。自明社からは、第四次伊藤博文内閣で文相や衆院議長を歴任した松田正久《まつだまさひさ》が頭角を現す。佐賀の乱での敗戦は、士族たちを国会開設運動に走らせていった。

江藤の次子松次郎（のちの新作）も国会開設運動に身を投じた一人であった。江藤の死後、遺された家族を経済的に支援したのは、大隈重信だった。その縁もあり、松次郎は明治二十三年九月一日に実施された第四回衆院議員総選挙で、立憲革新党《りっけんかくしんとう》（同盟倶楽部と同志倶楽部が合流した政党）所属として佐賀選挙区から出馬し、以後、六期連続で当選する。新作は革新党を経て、改進党の後身である進歩党《しんぽとう》に合流し、憲政本党結成後も大隈と政治活動をともにした。

新作が佐賀選挙区で強さを発揮し続けたのと対照的に、明治三十一年十月の憲政党分裂後、同じく佐賀を地盤とする松田正久（自由党→憲政党→政友会）は選挙民からの批判にさらされた。憲政党党首板垣退助が、佐賀の乱で江藤を見殺しにしたとの『九州日報』の特集記事（明治三十二年六月十四日～二十五日）が影響したのが理由である（中元二〇〇九）。憲政本党に近い『九州日報』の特集記事は、憲政党に向けた明らかなネガティブキャンペーンであったが、憲政本党が強固な地盤を誇っていた佐賀県選挙区では佐賀の乱の記憶と相まって、特集記事が効果を発揮した。

こうした批判にさらされた憲政党は、明治四十三年刊行の『自由党史』で、司法権確立の功労者として江藤を持ち上げ、国会開設にも志を同じくしたと板垣との親和性が力説された（中元二〇〇九）。その結果、『自由党史』以降、江藤の事跡顕彰では、国会開設など近代的な点が強調されていくのである。

イメージの終着点

明治四十四年（一九一一）四月十三日、築地本願寺で南白奉告祭が開催され、同年八月三十日には昭憲皇太后《しょうけんこうたいごう》が江藤未亡人に三千円を下賜した。前年八月に韓国併合がされたことで、江藤をはじめとした征韓論者の顕彰が始まり、南洲（西郷隆盛）三十三回忌奉告会も執り行われていた。

大正元年（一九一二）九月十二日に、大審院検事総長松室致《まつむろいたす》が江藤の罪名消滅を証明したことを受け、大正三年十一月十五日、『江藤南白』が刊行される。玄洋社の大物頭山満《とうやまみつる》は、『江藤南白』の刊行にあたって、

明治六年における征韓論は、維新中興の精神にして国民対外思想の発現なり。しかして征韓論の分裂によりて其まさに大陸に向て発展せんとしし民族進取の精神、内に抑塞欝積し、佐賀の乱となり、萩の乱となり、十年西南の乱となり。対外派の撲滅に至りて熄みたり。然りといえども、国民元気の磅礴する所、一たび発して征清の役となり、再び発して討露の役となり、我帝国をして国光を宇内に宣揚し、覇を東亜大陸に称するに至らしめたるもの、未だ曽て其源を征韓論に発せずんばあらざる也（『江藤南白』下巻）。

との一文を寄せている。対外硬を唱えた頭山にとって、江藤の事跡で強調すべきは征韓論だった。佐賀の乱の「賊徒」であった江藤は、韓国併合を輝かしい事跡として喧伝する国粋主義者たちによって、対外膨張「物語」の「英雄」へと「転生」した。

韓国併合以降、現地民からの収奪が進むが、そうした事実に触れることなく、対外膨張「物語」は明治維新以後の日本の歩みの正当性を強調し、対外膨張を唱えた人物たちを「英雄」へと作り変えていった。こうした「英雄」たちの濫立と自国の正当化は、日本社会が国家主義へと向かっていくことの証でもあった。

『江藤南白』刊行からおよそ三十年後、アジア太平洋戦争の敗戦とともに、日本の対外膨張は失敗に終わった。それにより、対外膨張「物語」の「英雄」たちは、民主主義国家「物語」など「別の物語」へと回収されていった。今後も江藤たち「英雄」は、何かしら社会の理想を仮託され続けるだろう。

あとがき

本書は、さまざまな巡り合わせの産物である。学部時代の卒業論文以来、十年以上にわたって江藤の史料や研究に向き合ってきた。筆者が江藤の研究を始めるきっかけとなったのは、大学一年生のときにご指導くださった中川壽之先生の御助言があってこそであった。大学入学当時、中川先生が紹介してくださった本のうちの一冊が、毛利敏彦氏の『明治六年政変』（中央公論社、一九七九年）であった。同書の大胆な史料解釈から浮かび上がる江藤像は、衝撃的であり、江藤を卒業論文で取り上げる〝出会い〟となった。当時、中川先生の講義を受講していなかったら、本書が生まれなかったことは想像に難くない。

戎光祥出版株式会社の丸山裕之氏と石渡洋平氏のお二人から本書執筆のお誘いをいただいたのは、二〇一七年十月三十日だったと記憶している。依頼から刊行まで一年であったが、その間、筆者なりに葛藤と不安があった。これまで明治期の司法省を中心に研究してきた筆者にとって、幕末期の江藤の事跡に踏み込むことには不安があり、はたして引き受けるべきなのかとも悩んでいた。そうした筆者の背中を後押ししてくださったのは、町田明広氏の「そろそろ江藤を書いていいんじゃない」の一言であった。その一言のおかげで、本書執筆を決心できたばかりか、執筆を機に複雑な幕末政治史について新たな知見を得ることができた。

明治期に論が及ぶ頃には、不安もなく筆を軌道に乗せることができた。「学恩」などというと、本人たちから「白々しい」と眉をひそめて言われることは間違いないが、明治期の政局を描く際に参考としたのは、小幡圭祐氏と故前田結城氏の著作であった。筆者と同い年の二人の研究には、魅せられ・学ぶところが多かった。とくに、前田氏と東京や大阪で朝までともに飲み歩いて、本書の構想や研究のことを語り合ったことは、今でも筆者にとって、かけがえのない大切な思い出である。

こうして「あとがき」まで辿りつくことができたのは、前にも述べた丸山裕之氏と石渡洋平氏のお力添えによるところが大きい。お二人とは同年代ということもあり、打ち合わせのときには冗談を交えながら、和やかな雰囲気で筆者に的確なアドバイスを送ってくださった。出版状況の厳しいなかで、筆者のような若手にお声がけくださり、最初から最後までお二人には頭が上がらない。

執筆依頼を受けてからいろいろと悩みながら書いたつもりでも、振り返ってみると、存外に楽しく書けたように思う。研究したい素材を好きなだけ研究できるというのは、幸せなことである。本書を書きながら、大学院に在籍していたときに感じた研究の楽しさを思い出した。本書が「良書」かどうかは、読者一人一人で見解を異にするのが当然だが、筆者なりの研究への「熱量」が伝われば幸いである。

二〇一八年十一月

大庭裕介

【参考文献一覧】（著者五十音順）

青山忠正『明治維新』（吉川弘文館、二〇一二年）
岩松要輔「幕末佐賀藩における江藤新平関係史料」（文部科学省科学研究費補助金研究成果報告書『江藤新平関係文書の総合研究』代表島善高、課題番号一六三二〇〇九四、二〇〇七年）
家近良樹『幕末維新の政局と西郷隆盛』（ミネルヴァ書房、二〇一一年）
井上光貞・永原慶二・児玉幸多・大久保利謙編『明治国家の成立』（山川出版社、一九九六年）
大園隆次郎『枝吉神陽』（佐賀城本丸歴史館、二〇一五年）
大庭裕介「江藤新平の政治思想」（『日本歴史』七六五号、二〇一二年）
大庭裕介「司法省におけるフランス法受容の端緒」（『国史学』二〇九号、二〇一三年）
大庭裕介「太政官期の法典編纂における「西洋」「非西洋」」（『明治維新史研究』十四号、二〇一七年）
小幡圭祐『井上馨と明治国家建設』（吉川弘文館、二〇一七年）
勝田政治『内務省と明治国家形成』（吉川弘文館、二〇〇二年）
勝田政治『政事家大久保利通』（講談社、二〇〇三年）
川副義敦『佐賀藩』（現代書館、二〇一〇年）
菊山正明『明治国家形成と司法制度』（御茶ノ水書房、一九九三年）
狐塚裕子「教部省の設立と江藤新平」（福地惇・佐々木隆編『明治日本の政治家群像』吉川弘文館、一九九三年）
木原溥幸『佐賀藩と明治維新』（九州大学出版会、二〇〇九年）

島　善高『律令制から立憲制へ』（成文堂、二〇〇九年）
杉谷　昭『江藤新平』（吉川弘文館、一九八六年）
高橋秀直「征韓論政変の政治過程」（『史林』七六巻五号、一九九三年）
塚田　孝『近世日本身分制の研究』（兵庫部落問題研究所、一九八七年）
堤啓次郎「佐賀県の明治維新」（『九州歴史科学』四五号、二〇一七年）
友田昌宏『未完の国家構想』（岩田書院、二〇一一年）
長野　暹『佐賀の役と地域社会』（九州大学出版会、一九八七年）
中村　怜「佐賀の乱における江藤新平と大久保利通の対立」（『ヒストリア』二四一号、二〇一三年）
中元崇智「「土佐派」の「明治維新観」形成と『自由党史』」（『明治維新史研究』六号、二〇〇九年）
藤野保編『佐賀藩の総合研究』（吉川弘文館、一九八一年）
藤野保編『続佐賀藩の総合研究』（吉川弘文館、一九八七年）
保谷　徹『戊辰戦争』（吉川弘文館、二〇〇七年）
星原大輔『江藤新平』（佐賀城本丸歴史館、二〇一二年）
前田結城「姫路藩における版籍奉還への政治過程」（『神戸大学大学院人文学研究科地域連携センター年報』五号、二〇一三年）
前田結城「府藩県三治一致の特質と展開に関する一考察」（『ヒストリア』二五九号、二〇一六年）
升味準之助『日本政党史論』一巻（東京大学出版会、一九六五年）

町田明広『攘夷の幕末史』（講談社、二〇一〇年）
松尾正人『維新政権』（吉川弘文館、一九九五年）
松沢裕作『自由民権運動』（岩波書店、二〇一六年）
真辺将之『大隈重信』（中央公論新社、二〇一七年）
丸山眞男『忠誠と反逆』（筑摩書房、一九九二年）
宮地正人「廃藩置県の政治過程」（坂野潤治・宮地正人『日本近代史における転換期の研究』山川出版社、一九八五年）
毛利敏彦『明治六年政変』（中央公論社、一九七九年）
毛利敏彦『江藤新平増訂版』（中央公論新社、一九九七年）
毛利敏彦『明治維新政治外交史研究』（吉川弘文館、二〇〇二年）
安丸良夫『神々の明治維新』（岩波書店、一九七九年）
山口亮介「明治初期における「司法」の形成に関する一考察」（『法制史研究』五九号、二〇〇九年）
横山伊徳『開国前夜の世界』（吉川弘文館、二〇一三年）
吉野　誠『明治維新と征韓論』（明石書店、二〇〇二年）
米原　謙『国体論はなぜ生まれたか』（ミネルヴァ書房、二〇一五年）

【主要参考史料】

有馬藤太『維新史の片鱗』
磯部四郎「民法編纂ノ由来ニ関スル記憶談」（法学協会編『法学協会雑誌』三十一巻八号）
江藤家所蔵「江藤新平関係文書」
円城寺清編『大隈伯昔日譚』
外務省編『日本外交文書』一巻一冊
加藤弘之「学制以前の大学に就て」（国民教育奨励会編『教育五十年史』）
国立公文書館所蔵「公文録」
国立公文書館所蔵「公文別録」
国立国会図書館憲政資料室所蔵「岩倉具視関係文書」
国立国会図書館憲政資料室所蔵「大木喬任関係文書」
国立国会図書館憲政資料室所蔵「憲政史編纂会収集文書」
国立国会図書館憲政資料室所蔵「副島種臣関係文書」
佐賀県立図書館所蔵「江藤新平関係文書」
佐賀県立図書館所蔵「鍋島家文庫」
佐賀県立図書館編『佐賀県近世史料』八編四巻
佐々木克・藤井譲治・三澤純・谷川穣編『岩倉具視関係史料』上下巻

島善高・星原大輔・斎藤洋子・重松優編「川浪家所蔵江藤新平関係文書」（文部科学省科学研究費補助金研究成果報告書『江藤新平関係文書の総合研究』代表島善高、課題番号一六三二〇〇九四、二〇〇七年）
島善高編『副島種臣全集』一巻
多田好問編『岩倉公実記』中巻
東京大学史料編纂所編『佐佐木高行日記保古飛呂比』四巻、五巻
内閣文庫所蔵「岩倉具視関係文書」
中野礼四郎編『鍋島直正公伝』一～六巻
日本史籍協会編『大久保利通日記』二巻
日本史籍協会編『木戸孝允日記』一巻
日本史籍協会編『西郷隆盛関係文書』
法務図書館所蔵「教師質問録」
的野半助『江藤南白』上下巻
宮島誠一郎「国憲編纂起原」（明治文化研究会編『明治文化全集』憲政編）
文部省『維新史』三巻
龍造寺八幡宮・楠神社編『枝吉神陽先生遺稿』

江藤新平関連年表

年号	西暦	年齢	事項
天保五	一八三四	一	二月九日、佐賀郡八戸村に誕生。
弘化二	一八四五	一二	小城郡晴気村に移る。
嘉永元	一八四八	一五	元服し、胤雄と名乗る。
嘉永二	一八四九	一六	弘道館書生寮へ寄宿。八月、枝吉神陽が弘道館指南役に任命される。
嘉永五	一八五二	一九	五月二十五日、義祭同盟に参加。
嘉永六	一八五三	二〇	六月三日、ペリーが浦賀に来航（三月三日、日米和親条約締結）。
嘉永七	一八五四	二一	三月三日、日米和親条約締結。
安政三	一八五六	二三	九月、「図海策」執筆。
安政四	一八五七	二四	従姉妹の江口千代子と結婚。
安政五	一八五八	二五	六月十九日、日米修好通商条約締結。
安政六	一八五九	二六	火術方目付に就く。
万延元	一八六〇	二七	上佐賀代官手許に就く。十一月三十日、長男熊太郎誕生。
文久元	一八六一	二八	十一月、鍋島直正隠居。
文久二	一八六二	二九	貿易方に就く。五月二十五日、中野方蔵獄死。六月二十九日、脱藩上洛。八月十四日、枝吉神陽死去。 九月、帰藩し、永蟄居。
文久三	一八六三	三〇	五月、大木喬任と久留米で山口藩士土屋矢之助・瀧弥太郎らと面会し、山口藩援助の約束をする。 六月、土屋矢之助らが佐賀を訪れるが、山口藩援助の約束を果たせず、佐賀藩に謝罪書を提出。 八月十八日、「八月十八日政変」が起こる。一〇月十七日、次男松次郎（のちの新作）誕生。
元治元	一八六四	三一	七月一八日、禁門の変。七月二七日、第一次長州征討（十二月五日まで）。
慶応元	一八六五	三二	七月、第二次長州征討反対意見書の提出。十月二日、父胤光死去。
慶応二	一八六六	三三	六月七日、第二次長州征討（八月三十日まで）。十月六日、三男小三郎誕生。十二月五日、徳川慶喜に将軍宣下。十二月七日、牟田口幸太郎とともに太宰府へ行き、三条実美・土方久元と面会。 十二月二十五日、孝明天皇逝去。
慶応三	一八六七	三四	十月十四日、大政奉還。十月十五日、朝廷より鍋島直正に上京命令。十二月九日、王政復古。 十二月三十日、郡目付に就く。

明治元（慶応四）	一八六八	三五	一月三日、鳥羽伏見開戦。一月十一日、京都に向けて伊万里を出発（鍋島直大一行は前年十二月二十一日に出発）。三月八日、三条実美より関東偵察を命じられる。四月五日、徴士に任じられる。四月十一日、江戸開城。閏四月一日、大木喬任とともに「東京奠都の議」を提出する。五月、上野戦争軍監に就く。六月八日、江戸鎮台判事に就く。七月、鎮将府判事に就く。七月十七日、江戸を東京と改称。九月八日、明治改元。十月十四日、鎮将府廃止にともない、会計官東京出張所判事に就く。十月二十八日、「藩治職制」布告。十一月二十四日、由利公正の改革案に対する反駁書提出。十一月二十九日、奥羽府県取調御用掛に任命される。十二月四日、東京在勤を命ぜられる。十二月十二日、皇居造営掛に任命される。
明治二	一八六九	三六	一月三日、手明鑓頭に任命される。二月二十一日、母の看病を理由に五十日の暇乞いを申請。三月一日、佐賀に到着。三月二日、佐賀藩参政格に就く（三月十三日に佐賀藩参政に就く）。五月二十三日、朝廷より職務罷免と位階返上の沙汰をうける。六月十七日、版籍奉還。六月十九日、東京に到着する。七月、「民政仕組書」を起草する。佐賀藩権大参事に就く。七月八日、二官六省制発足。八月十一日、民部省と大蔵省合併。十月末、上京する。十一月七日、中弁に就く。十二月二十日、虎ノ門で襲撃される（虎ノ門事件）。十二月二十七日、「新律綱領」制定。
明治三	一八七〇	三七	二月二十日、制度取調専務に就く。三月、長女房子誕生（七月死去）。七月十日、民部省と大蔵省分離。七月十三日、大学本校閉鎖。八月、岩倉具視「建国策」執筆。（江藤もこの頃に「建国体云々江藤胤雄議」を執筆）。閏十月二十六日、大久保と連名で「政治制度上申案箇条」を三条実美に提出。十一月二十五日、岩倉勅使鹿児島・山口に派遣。十一月二十七日、第一回国法会議開催。
明治四	一八七一	三八	六月二十四日、四男用四郎誕生。七月一日、制度取調御用に就く。七月九日、司法省創設。七月十四日、廃藩置県。同日、弁官廃止にともない太政官出仕となる。七月十八日、文部大輔に就く。七月二十九日、太政官三院制発足。八月四日、左院一等議官に就く。八月十日、左院副議長に就く。
（明治四）	（一八七一）	（三八）	十月八日、岩倉使節団任命（十一月十二日、離日）。十一月九日、「約定書」締結。十二月、島地黙雷が教部省創設を建議。十二月九日、従四位に叙せられる。
明治五	一八七二	三九	三月、司法省と左院の共同で法典調査が始まる。三月十四日、教部省御用掛兼勤（五月二十四日免官）。四月三日、宮島誠一郎「立国憲議」を後藤象二郎に提出。四月二十五日、司法卿に就く。四月三十日、欧州外遊の命が下る。五月、正四位に叙せられる。八月三日、「司法職務定制」制定。八月四日、府県裁判所設置が始まる。十一月二十八日、「司法省達第四十六号」布告。

明治六	一八七三	四〇	一月二十四日、予算査定への抗議の辞表提出。二月二十三日、渋沢栄一が大隈重信に太政官制改革を提案。四月一日、地方官会同。四月十八日、山県有朋が陸軍大輔を辞任。四月十九日、参議就任。五月二日、太政官制潤飾。五月三日、井上馨・渋沢栄一が辞表提出。五月二十七日、小野組が京都府を提訴。六月十三日、「改定律例」布告。八月十七日、西郷使節閣議決定。九月、湊川神社に灯篭を献納。九月十三日、岩倉大使帰国（大久保利通は五月二十六日、木戸孝允は七月二十三日にそれぞれ帰国）。十月十五日、岩倉具視に意見書を提出する。同日、西郷使節閣議再決定。十月二十三日、西郷隆盛辞表提出。十月二十四日、辞表を提出し、翌日に参議解任。
明治七	一八七四	四一	一月十日、愛国公党結成（十二日結成説あり）。一月十二日、「民撰議院設立建白書」署名。一月十三日、帰郷。二月一日、小野組官金強奪事件。二月二日、深堀滞在（一〇日まで）。二月九日、大久保利通の九州出張が閣議決定。二月十一日、島義勇と会談。二月十二日、征韓党党首に推される。二月十三日、「決戦之議」起草。二月十六日、佐賀県庁襲撃（佐賀の乱）。二月十九日、大久保利通が福岡に到着。二月二十三日、佐賀脱出。三月一日、西郷隆盛と会談。三月二十四日、林有造と会談。三月二十九日、東洋町で捕縛。四月七日、佐賀へ護送。四月八日・九日、裁判。四月十三日、死刑判決、佐賀城二の丸で処刑。四月十六日、蓮成寺に埋葬。九月十日、次女袈裟子誕生。
明治二十二	一八八九		二月十一日、明治憲法発布にともなう大赦令により罪名消滅。
明治二十七	一八九四		九月一日、第四回衆議院総選挙で江藤新作が初当選。
明治四十四	一九一一		三月七日、第二十七議会で韓国併合にともなう江藤の功績表彰の建議案可決。四月十三日、築地本願寺で江藤新平奉告祭開催。八月三十日、昭憲皇太后より江藤千代子へ金三千円下賜。
大正元（明治四十五）	一九一二		九月十二日、大審院検事総長松室致より罪名消滅の証明書が遺族に交付される。
大正三	一九一四		十一月十五日、的野半助『江藤南白』刊行。
大正五	一九一六		四月十一日、贈正四位。

【著者略歴】
大庭裕介（おおば・ゆうすけ）
1984年生まれ。現在、国士舘大学・玉川大学非常勤講師。
主な業績に「江藤新平の政治思想」（『日本歴史』765号、2012年）、「明治初期の法運用と旧刑法編纂の契機」（『東アジア近代史』17号、2013年）、「一八八〇年代における旧刑法改正案と条約改正交渉」（『ヒストリア』265号、2017年）などがある。

戎光祥選書ソレイユ003
江《え》藤《とう》新《しん》平《ぺい》――尊《そん》王《のう》攘《じょう》夷《い》でめざした近《きん》代《だい》国《こっ》家《か》の樹立《じゅりつ》

2018年12月10日　初版初刷発行

著　者　大庭裕介
発行者　伊藤光祥
発行所　戎光祥出版株式会社
〒102-0083 東京都千代田区麹町1-7 相互半蔵門ビル8F
TEL：03-5275-3361（代表）　FAX：03-5275-3365
https://www.ebisukosyo.co.jp
編集協力　株式会社イズシエ・コーポレーション
印刷・製本　モリモト印刷株式会社
装　丁　堀　立明

ISBN：978-4-86403-306-0